上海智库报告
SHANGHAI ZHIKU BAOGAO

# 在上海
# 为中国 惠全球

## 建设高质量外资集聚地

张娟 廖璇 解丽文 ◎ 著

上海人民出版社

# 出 版 说 明

　　智力资源是一个国家、一个民族最宝贵的资源，中国特色新型智库是智力资源的重要聚集地。党的十八大以来，习近平总书记围绕建设中国特色新型智库、建立健全决策咨询制度，先后发表一系列重要讲话，作出一系列重要指示批示，为全面加强中国特色新型智库建设指明了方向、提供了根本遵循。党中央从推动科学决策民主决策、推进国家治理体系和治理能力现代化、增强国家软实力的战略高度，就中国特色新型智库建设作出一系列重大部署。中国特色新型智库建设进入高质量发展的"快车道"。

　　作为哲学社会科学的学术重镇，上海在决策咨询研究和智库建设方面一直走在全国前列。目前，全市拥有上海社会科学院、复旦大学中国研究院 2 家国家高端智库建设试点单位，上海全球城市研究院、上海国际问题研究院等 16 家市级重点智库，上海市科学学研究所等 10 家市级重点培育智库，初步形成以国家高端智库为引领，市级重点智库为支撑，其他智库为补充，结构合理、分工明确的新型智库建设布局体系。

　　"十四五"时期，在市委市政府的坚强领导下，全市新型智库坚持立足上海、面向全国、放眼世界，主动对接中央和市委重大决策需求，围绕关系国家和上海发展全局、影响长远的一系列重大问题，积极建言献策，提出真知灼见，取得了一大批具有重要学术价值、重大现实指导意义的智库研究成果，有力服务了国家战略，有效助推了上海发展。

当前，上海新型智库建设蹄疾步稳、成效明显，智库品牌不断提升、更加闪亮。为进一步加强智库成果的宣传推介，更好发挥智库资政启民的作用，在市委宣传部和市哲学社会科学工作领导小组的领导下，市社科规划办每年面向全市公开遴选一批优秀智库研究报告，以"上海智库报告"为统一标识，由上海人民出版社集中出版。入选报告紧扣国家战略和市委市政府中心工作，主题鲜明、分析深刻、逻辑严密，体现鲜明的时代特征和创新意识，具有较强的理论说服力、实践指导作用和决策参考价值。"上海智库报告"代表上海新型智库的最高研究水平，是上海全力打造的新型智库建设高端品牌。

2022年度"上海智库报告"聚焦浦东新区打造社会主义现代化建设引领区、构建现代化经济体系、推进高水平改革开放、超大城市现代化治理等一系列重大主题，突出强调以落实国家重大战略任务为牵引、以服务上海经济社会发展为导向，更加注重报告内容的战略性和前瞻性，引导全市新型智库努力为新时代国家和上海的经济社会发展资政建言，为上海加快建设具有世界影响力的社会主义现代化国际大都市提供有力的智力支撑。

上海市哲学社会科学规划办公室

2022 年 9 月

# 目 录

# 序　言

　　近年来国内学者和政府干部在讨论到外资的时候，经常提出这样的看法，就是中国劳动力成本提升了，我们是不是还能继续按照原来的廉价劳动力优势来吸引外资。同时，美国对华实施贸易保护政策，以及新冠疫情大流行，使全球化出现了一种逆转，即投资本地化和外资回流、全球价值链出现重组现象。国内对中国是否能在新形势下继续扩大引进外资产生了许多疑虑。

　　事实上，与贸易一样，引进外资是40年来中国对外经济关系中的另一条主线。寻求生产成本的降低是过去40年来外资流入中国的主要原因之一，随着中国劳动者收入的提高和周边国家多国选择加工贸易型出口战略，近年来中国外资向周边国家转移的情况已经发生。从中国人均收入不断提高的内在需求来看，这一变化并非纯粹是坏事，中国不能长期依靠廉价劳动力实现发展。中国劳动力价格的上升也意味着中国整体收入的上升以及中国购买力水平的提高，这又从另一方面提升了中国对外资的吸引力。也就是说，市场寻求型的外资反而会增加。以中国国内市场为目标的外资，其决定因素是中国的购买力，不论已进入的外资是否撤离，还是新的外资是否流入，影响都是一样的。以在华销售为主的外资企业，既可能减少在境外生产再向中国出口的成本，又可能针对中国消费者的特殊偏好进行产品开发，这种优势不是美国的回流政策所能够抵消的。

　　中国的市场规模还有另一层意义，那就是全产业链的配套能力。外商投资企业一旦拥有专有技术或创新产品，在中国就很容易找到生产合作企业和各种零部件生产配套。这就使外资企业很容易在中国生长，也难以离开，因为在世界上很难再找到与中国类似的国家：既有巨大的本地购买力，又有完整的产业链和高性价比、全层次的劳动力。

上述分析使我们得到一个外资选择中国的一般原理：在中国的增加值率大小是外资是否撤离或者进入的依据。外资产品的总价值在中国的增加值比重越小，就越可能撤离或不会进入；增加值比重越大，就越不会撤离且更可能进入。这一原理也是各种跨国公司直接投资理论中未曾论述过的，是一种广义的投资环境和东道国的增值能力。

在这里，中国吸引外资实践具有深刻的理论内涵，这也是在已有教科书的各种跨国公司投资决策或外商投资成因分析中所没有的，可称为"大国引力理论"。具体而言，中国人口规模大而且进入了中等收入水平，从而形成了总体上的巨大购买力，可为任何外资提供一个可赢利的市场。同时，大国的含义是其国内产业齐全，生产配套能力完整，可为任何具有技术或创新产品优势的外资建立生产供应链。经典的市场寻求理论没有考虑上述两种意义上的大国经济特征。在这里，中国创造的不只是一种新的理论，而且是一种新的机制。

值得欣慰的是，张娟博士和她的同事们敏锐地抓住了中国吸引外资的优势和理论机制的变化，即中国国家竞争优势和跨国公司内部竞争优势的契合。沿着这样的逻辑，本书回顾了改革开放 40 年上海如何围绕着成本寻求型外资探索了一条与之相应适应的引资路径。同时，围绕着进入中国的外资从成本寻求型转向市场寻求型，本书又试图去回答市场寻求型外资理论之下，上海应怎样发挥先行先试作用，为中国探索新的引资政策措施。

新冠疫情的数年时间内，国际直接投资将在整体上呈现收缩趋势，原因是各国应对危机的扩张性政策基本上是内向的，鼓励对内投资而不是对外投资将是普遍的政策倾向。供应链的本土化会导致各国国内投资增加，从而导致对外投资的减少。这种内向化的趋势转变为向全球化的回归的时间至少要在 5 年以后，世界将重新注重在扩大分工中寻求效益。而在这以前，围绕着资本的流向，各国间将会出现一轮政策竞争，包括发展中国家、新兴经济体争取外资的竞争，也包括发达国家把企业留在国内的竞争。在这种情况下，如果中国注重以更高优惠吸引更多外资，将可能导致更高的政策成本。也即，各地政府注重项目落地或投资规模，会增大政策成本和各种隐性成本，外资的实际国民收益将会下降。本书把握了该趋势特点，并将此作为未来外资政策的依据，提出上海更加应该顺应市场寻求型外资的需求，更加侧重制度型开放的探索，以及为中国参与全球投资治理探索路径。

在全球投资可能收缩的背景下，中国还因美国的去中国化政策而受到更大冲击。美国政府明确鼓励美资企业回流，承担搬迁费用，这不仅会影响已有在华企业，还会影响新的对华投资。若美国长期维持对中国出口产品的高关税，将必然影响以出口为目的的外商在中国的投资，包括美资企业，也包括其他外资企业。美国对华政策增大了疫情本身对中国的影响。美国对中国的技术政策会影响美国企业在中国的投资，因此间接地影响到其他国家企业对中国的投资。根据中美经贸协议，美国竭力排除中国通过引进外资实现技术进步，即对所谓"强制技术转让"加以限制。美资企业想在中国独资经营并长期保持技术优势，原因在于要独占中国大市场。但是，美国又要在技术产品的供应上限制中国，打压中国的一些重要企业，甚至连贸易都要断供，更不可能到中国来为中国企业提供高技术产品。因此，美国企业对中国的投资可能将局限于民用最终产品，而对可能提升中国战略性新兴产业生产能力或技术配套的投资则会严加限制，这种限制也会延伸到其他国家企业对中国的投资。

面对这样的困境，本书根据上海城市功能升级的要求，提出发展跨国公司总部经济的政策措施，以中国超大规模市场的引力，吸引跨国公司包括美资企业通过设立地区总部、职能总部等各类方式，发挥亚洲区域作用、深耕中国市场，这样的建议非常具有理论和实践上的意义。跨国公司总部是全球资源配置的主体，推动跨国公司总部集聚不仅有助于上海成为国内大循环的中心节点和国内国际双循环的战略链接，而且使得外资和本土企业总部形成竞争合作的发展机制。这与吸引单个外资企业进行资源配置有重大的区别和更大的价值，跨国公司总部能够将自身企业竞争优势与中国国家竞争优势结合，更全面用好中国国家竞争优势，推动上海在长三角一体化发展中更好发挥龙头辐射作用，向长三角和国内外市场延伸产业链和供应链。因此上海提出发展总部经济战略，已经超越了自身吸引外资的战略部署，而且与全国行业吸引投资联系起来，是对全国吸收外资的贡献。

张娟博士和她的同事们长期根植于中国开放型经济发展的实践层面，对实践变化有着直接的接触和敏感的捕捉，尤其是本书基于时间、面向全球、面向未来等多视角，引入历史的视角，既有对全球投资视角的把握，又有对国家战略发展需要的考虑，使得上海改革开放以来引资路径丰富可触。难能可贵的是，她们没有就事论事，而是试图将实践的变化引入国际投资理论的思考，比如对习近平总书记提出的"更高能级的总部经济"进行了理论演绎，这为本书提出的发挥上海自贸试验区建设优势，深化投资管理制度改革、推动中国参与全球投资治理的政策建议，提出形成多元、多层次主体共生的总部经济生态圈的政策建议，提出在长三角区域、一带一路区域实现跨区域合作，破解上海土地资源等瓶颈，拓展外资发展空间的建议等，为决策咨询增加了理论之基。

上海市世界经济学会名誉会长、中国世界经济学会学术顾问

2022 年 9 月

# 导　言

改革开放 40 多年来，上海紧紧围绕国家对外开放战略部署，紧紧抓住全球产业转移趋势、紧紧把握跨国公司布局的步伐，充分发挥区域优势和要素禀赋，上海吸引外资不仅服务了上海城市发展，为长三角地区和长江流域的外资集聚产生了溢出效应，而且为我国吸收外资实践探索了路径、形成了经验，为国际投资、跨国公司、中国开放经济等相关理论丰富了实践案例。

从全球投资背景来看，全球经济金融危机爆发 10 多年来，全球外国直接投资（FDI）增长乏力。全球 FDI 呈现的新形势，与周期性、政策性和结构性因素有关。

一是周期性因素。危机影响的历史经验表明，FDI 在后危机时代的加速复苏可能需要一些时间。全球 FDI 尚未从经济金融危机中恢复过来，又遭受新冠疫情冲击，使得短期全球 FDI 进入下行通道，长期投资导向、投资方式、行业结构、区域结构面临调整。

二是政策性因素。2008 年金融危机以后，发达经济体、尤其是美国面临技术放缓、生产率增速持续走低、失业人口增加等问题。美国在全球化体系中难以继续巩固核心技术和研发，并将此归咎于跨国公司的海外转移，并以此要求跨国公司全球生产活动进行收缩，并且加大对跨境投资或者资本流动的限制。

三是结构性因素。数字技术发展使得国际生产出现价值链数字化、服务化、去中介化以及定制化新趋势。数字技术发展同时又推动数字类跨国企业的发展，出现轻海外资产、轻生产性资产、高当地销售，区位决定中无形因素、非股权投资增多等特征。由此推动全球 FDI 呈现"低增长"及大幅波动的新常态，数字类投资成为国际投资追逐的重点。受此影响，跨国公司地区总部呈现区域化、多元化、数字化等趋势。

从我国外资发展要求来看，改革开放 40 多年来，中国深度嵌入全球生产和供应网络，使得国内劳动力、土地等生产要素效率提升的同时，成本也在上升，带来成本导向型外国投资者流入的动力趋减。而劳动力和土地要素成本上升的同时，意味着政府和居民收入水平也在上升，中国消费市场规模扩大，市场寻求型外资流入趋势加强。

一是我国市场在全球重要性日益凸显。中美经贸摩擦以来，部分外资企业意欲将受疫情影响的供应链转移出去。但是新冠疫情的流行，使得外资重新审视我国市场地位。供应链转移出中国，不能代表着更加安全，而且转移供应链成本是昂贵的。中国在解决外资企业复工复产困难中的效率，使得一批有战略眼光的跨国公司加快了投资步伐。我国内需市场的潜力持续释放，提出构建"以国内大循环为主体，国内国际双循环相互促进"的新发展格局，凸显了我国内需市场的潜力，由于疫情防控带来的人员流动管制，在中国出境消费主要目的地的销售受到影响，跨国品牌商接近中国市场布局导向进一步凸显。

二是我国加快完善外资准入后发展的制度保障。2013 年，我国率先在投资领域探索边境后制度开放，2019 年《外商投资法》以法律形式固定和确认了2013 年以来我国在外商投资领域的所有重大改革措施。2020 年，我国投资流入和流出均居全球第一，国家"十四五"规划纲要明确"持续深化商品和要素流动型开放，稳步拓展规则、规制、管理、标准等制度型开放"，表明我国深化投资管理制度改革，为外资本地化发展提供了环境和制度保障。

从上海发展需求来看，上海吸收外资连续近 20 年正增长，但现在在土地、劳动力供给和成本等方面遭遇瓶颈。与此同时，上海的城市能级、"五个中心"升级版都急需破题。因此，本书坚持基于时间、面向全球、面向未来等多视角，既有对全球投资视角的把握，又有对国家战略发展需要的考虑，更为重要的是引入历史视角，从改革开放历史的维度解析上海吸收外资的现状和问题，从全局层面把握，更加清晰地透视上海外资"为中国、为全球"的发展路径，并形成如下结论：

一是上海持续发挥自贸试验区建设优势，深化投资管理制度改革。上海外资发展新思路之一，即是应立足于国家层面的设计要求，推动适应外资企业经营所需的制度型开放。上海在投资管理制度领域已经形成基本的制度框架，未来重点是为形成全球投资治理的"中国方案"发挥先行探索作用，主要有两个路径：第一，对标《区域全面经济伙伴关系协定》（RCEP）、《中欧全面投资协定》（CECAI）和《全面与进步跨太平洋伙伴关系协定》（CPTPP）等区域国际投资协定要求，持续推动投资自由化，完善负面清单管理制度，深化国内投资管理制度改革开放。第二，将已经探索形成的诸如外资投诉机制、促进机制转化为国际投资规则体系下的制度创新，推动全球投资促进和争端解决机制的创新，加大公平竞争、劳动和环境等可持续发展领域改革，推动中国参与全球投资治理。

二是抓住"五个中心"建设机遇，发展更高能级的总部经济。"发展更高能级的总部经济"，是习近平总书记在浦东开发开放 30 周年庆祝大会上对上海提出的新要求，是基于疫情后对全球经贸变局的把握。而总部型经济是对总部经济的深化和拓展，是"更高能级的总部经济"的实现路径，未来重点是形成多元、多层次主体共生的总部经济生态圈。一方面，近年来，跨国公司将具有发展潜力的新业务板块与核心业务脱离并成立全球事业部，上海要抓住跨国公司发展的新机遇，积极争取跨国公司新事业部地区总部的落地。同时，顺应包括本土跨国公司在内的发展中国家企业国际化趋势，引导支持企业"走出去"，培育总部功能在上海、业务机构在亚太及全球的本土跨国公司，形成引进和培育双轮驱动的总部型经济形态。另一方面，抓住全球企业成长的机遇，借鉴新加坡"起新"计划，建立识别、发现和培育机制，从全生命周期培育和集聚一批市场独占性高、能力更强、对产业链上下游带动作用更大的"小微型总部"和"天生全球企业"。

三是发挥外资集聚区载体建设优势，打造制造、服务和数字融合互动的产业格局。随着改革开放的深入，产业转型、制造业离散和综合要素成本上升等因素使得上海制造业外资高速增长的阶段结束，但是服务和数字领域国际直接投资有望成为上海吸引外资的增长空间。其一，打造新时期外资首选地，赋予自贸试验区、国家级开发区、综合保税区等开放型经济区域更多的管理权限，在复杂多变的全球投资环境下，快速高效抓住投资机遇，积极争取医疗健康、电信／云服务、科技研发（生物资源）、金融保险、环境服务、商业服务、国际海事运输等领域开放措施先行先试。其二，加快打造制造、服务和数字融合互动的产业集聚区，充分发挥现有制造业集聚区优势，依托临港、虹桥、张江、金桥、外高桥等的产业集聚优势，吸引外商投资在线医疗、在线消费、工业互联网、智能物流等数字经济重点领域，为外资高质量发展注入新动能。

四是加快服务长三角一体化和"一带一路"，拓展外资发展的空间支撑。上海对外开放在过去主要依赖自身的空间资源，而在新形势下，上海需要跨区域实现空间合作。其一，拓展与新加坡、日本、韩国等 RCEP 成员国的投资合作空间，RCEP 的生效实施将提升区域内的投资自由化水平，使上海获得更多投资机会、进一步降低企业对外投资门槛。上海可通过加强双向投资促进力度，进一步扩大投资规模，尤其是拓展与日本、新加坡、韩国等 RCEP 区域发达经济体的合作空间。其二，拓展双向投资发展的战略空间支撑，积极服务长三角区域一体化，推动外资有效分工，提升为长三角区域外资企业服务的能力。发挥"一带一路"桥头堡作用，加强与长三角区域城市在境外经贸合作区设施建设、产业转移等的联动发展，带动商品、服务、技术和标准等出口。其三，拓展与友好城市的投资合作空间，利用"五个中心"建设营造的合作空间，加大与香港、伦敦、纽约、东京等城市金融和资本连通性。

五是不断优化国际营商环境建设，推动外资与城市功能提升深度融合。新的国际形势下，人才、资源、资金、技术、市场竞争日益激烈，营商环境成为一个国家参与国际经济合作与竞争的重要依托，是软实力的重要体现。上海外资发展新思路之五，即是对标纽约、伦敦等全球城市，将营商环境的改善作为外资企业深入融入城市发展的必经路径。上海要加大投资促进力度，持续优化国际化营商环境，不能满足于仅在准入、登记注册、破产清算等时间长度缩短等方面的进步，而要更多关注制造和服务的数字化融合背景下，形成政府职能机构之间协作、推动市场监管方式的创新、贸易便利化安排的创新等，助推外资深度融入上海经济发展。

# 第一章

# 上海吸引外资历史回顾

改革开放 40 多年来，上海紧跟国家对外开放战略部署，紧抓全球产业转移趋势、紧跟跨国公司布局的步伐，充分发挥区域优势和要素禀赋，服务于上海城市发展的目标，为长三角地区和长江流域的迅速崛起提供了优势条件。上海经历了 40 年利用外资的持续增长后，面临着土地、劳动和生活成本的急剧上涨，给上海吸引外资带来挑战。本章主要引入历史视角，从改革开放历史的维度解析上海吸收外资的经验，在每一个阶段中上海如何把握好国际资本的产业、区域流向，如何克服阶段性的困难，如何提出破解的方法，以期对未来吸收外资提供鲜活有力的经验借鉴。

## 第一节 改革开放以来上海吸引外资回顾

改革开放 40 多年来，上海紧跟国家对外开放战略部署，紧抓全球产业转移趋势、紧跟跨国公司布局的步伐，充分发挥区域优势和要素禀赋，服务于上海城市发展的目标，为长三角的地区和长江流域的外资集聚产生溢出效应。

### 一、上海对外开放的背景和阶段

在我国改革开放进程中，上海引进外资的重点有所不同，总体原则是服务国家对外开放战略、当好全国改革开放排头兵，并围绕上海自身发展战略、不断提升质量和水平，总体可以分为四个阶段。

**（一）上海扩大开放、浦东开发酝酿准备的阶段（1978—1990 年）**

这一阶段我国的开放战略体现在两个方面：一是以沿海地区开放为重点，1979 年，广东、福建两省率先开放，对外经济活动实施灵活的政策措施；建立了深圳、珠海、汕头、厦门 4 个经济特区，确立沿海开放城市，到 20 世纪 80 年代末形成较为完整的沿海开放地带。二是以国家经济技术开发区为主开放载体，发挥经济示范区和参照物的作用。本阶段上海改革开放的特点表现为：一是上海紧抓我国开放重点地区从东南沿海向东部沿海扩大的机遇，登上我国对外开放舞台的中心。二是上海紧抓资金、物资、技术、知识、人才等国际资源，同自身工业结构改组、企业技术改造、管理体制改革紧密结合起来。[1]

**（二）以浦东为引擎、上海全面开放的阶段（1990—2000 年）**

这一阶段，我国对外开放战略主要体现在以下两个方面：一是进入全面扩大开放阶段，改革开放思想和战略加速向纵深方向推进，提出"发展开放型经济"思路，并形成从东部、中部到西部的全方位对外开放的地域格局。二是中国特殊经济区域开放格局的全面形成，20 世纪 90 年代后，随着浦东开发开放，我国特殊经济区域布点加快、加大，这些特殊经济区域为此后我国的改革开放承担着突破口的功能。本阶段，上海成为我国对外开放的前沿阵地，不断拓宽开放的主体、领域和模式。

**（三）以提高国际竞争力为目标的全方位开放阶段（2001—2012 年）**

这一阶段，我国的开放战略体现在以下两个方面：一是加入世界贸易组织（WTO）。我国的对外开展战略不再以单方面开放为主，而是通过加入世贸组织这样的国际性组织，以适应经济全球化和加入世贸组织的新形势为要求，在更大范围、更广领域和更高层次上参与国际经济与技术的合作和竞

---

［1］　参见《国务院关于批转〈沿海部分城市座谈会纪要〉的通知》，1984 年 5 月 4 日。

争。二是以浦东综合配套改革为核心的区域开放战略。2005 年 6 月 21 日，上海浦东新区综合配套改革试点得以批准，开启我国改革开放在优惠政策以外、通过"先行先试"获得发展的先例。本阶段，上海开放的特点是，全面利用我国加入世贸组织机遇，以国际经济、金融、贸易、航运中心等建设为目标，形成全方位、多层次、宽层次的对外开放格局。[1]

**（四）以上海自贸试验区为试验田，对接国际规则、推动制度创新的阶段（2013 年至今）**

这一阶段，我国的开放战略体现在两个方面：一是以自贸试验区建设带动全方位改革，推动体制机制改革，深化开放，再倒逼改革。二是实施"一带一路"倡议，推动我国深度与世界经济融合发展的同时，形成我国对外开放"多点开花"的全新模式。本阶段，上海开放的特点是以上海自贸试验区为试验田，对接国际规则，通过投资、金融、贸易、市场监管服务等制度改革，培育面向全球的竞争新优势，向卓越的全球城市迈进。2017 年，国务院发布《关于扩大对外开放积极吸引外资若干措施的通知》；2019 年，十三届全国人大第二次会议通过《中华人民共和国外商投资法》，同年国务院出台《关于进一步做好吸引外资工作的意见》。

## 二、上海引进外资的进程和特点

### （一）第一阶段：以政策和空间为保障的引资战略

第一，探索外资管理制度、提高外资落地效率。1984 年 4 月，上海建立"吸引外资联合会议"制度，由分管副市长主持，集中相关职能部门，采取联合办公的形式，牵头办公室设在上海市外经贸委。根据国家吸引外资宏观调控的总方针，完善吸引外资的管理和服务体制，先后成立上海外商投资企业外汇调剂中心、物资服务公司和外国投资工作领导小组。1988 年 6 月

---

[1] 参见杨国强：《上海开放型经济 30 年》，上海人民出版社 2008 年版。

10 日，上海市委、市政府决定提升外商投资管理机构的规格，建立具有综合性和权威性的外商投资管理机构——上海市外国投资工作委员会，成为上海主管吸收外商投资工作的主管部门，市长朱镕基出任主任，分管副市长和职能委办负责人为副主任。"一个窗口、一个图章、一个机构"的"一站式服务"，简化审批手续，提高办事效率，改善了投资环境。

第二，建立引资试验田、以外资推动产业集聚。1985 年 3 月 13 日，中共中央发布《关于科学技术体制改革的决定》，提出"为加快新兴产业发展，要在全国选择若干智力密集地区，采取特殊政策，逐步形成具有不同特色的新兴产业开发区"，标志着高新区成为对外开放的新载体[1]。1986 年 8 月、1988 年 6 月，上海先后建立闵行经济开发区和漕河泾新兴技术开发区，主要吸引制造业项目，与此同时，国务院批复上海并同意郊区 10 个县以及供工业、科研项目发展的重点卫星城镇享受 14 个开放城市和经济特区的优惠政策，上海吸引外资的集聚地和开放探索的试验田开始形成。

第三，主抓绿地投资、创造多个"全国第一"外资项目。1980 年，上海诞生第一家中外合资企业——上海迅达电梯有限公司，也是中国内地机械工业第一家中外合资工厂。1981 年 7 月 26 日，上海与香港合资经营的上海联合毛纺织有限公司成立。1983 年成立了我国邮电工业第一家中外合资企业，1987 年该公司成为上海第一个中外合资集团性公司，1992 年又成为中外合资第一个股份制上市公司，在全国农牧业、制造业、商贸业吸引外资领域创造了多个第一。1984 年国务院下放 3000 万美元以下的外资项目审批权，为上海吸引外资释放了新动力，上海也因此确立了吸引绿地投资规模在全国的新地位。截至 1990 年，上海实际吸引外资约为 10 亿美元。

**（二）第二阶段：以规模和质量提高为目标的引资战略**

第一，通过示范引领，发挥东西联动。1990 年，国务院宣布开发开放

---

[ 1 ]　参见《中共中央关于科学技术体制改革的决定》，中发〔1985〕6 号，1985 年 3 月 13 日。

浦东的重大决定以后，上海获得外资发展的广阔空间，走出快速、广泛、多层次的吸收外资新路。1990年浦东新区成为全国最大的经济技术开发区，金桥出口加工区是第一个以"出口加工区"命名的国家级开发区，陆家嘴是中国唯一以"金融贸易"命名的国家级开发区。在吸引外资的领域，浦东率先引进外资银行经营人民币业务、建立中外合资保险公司[1]，把对外开放扩展到金融、贸易、专业服务等领域，为上海建成国际经济、金融、贸易、航运中心奠定了重要基础。浦东的发展对浦西发挥了示范和带动作用，上海开始政策联动、扩展空间优势、形成板块功能错位，同时带动其他9个市级工业区和1个国家级高科技园区建设，推动国有资本和外资的嫁接，为外资进入上海提供和创造发展的稳定空间。

第二，把握全球产业转移动向，不断提高制造业对外开放。20世纪90年代初，针对制造业外资规模相对有限的现实，上海主动把握全球制造业转移趋势，加大技术密集型制造业外资的引进，诞生国内第一家生产海底光缆的外资企业。经过十多年的积累，到20世纪90年代后期，上海吸引外资的特点是工业项目多、大项目多、增资项目多。2000年，上海批准外商投资工业项目938项，比上年增长12.5%；合同外资48.42亿美元，增长1.4倍，外资制造业的投入占上海制造业投资总额的1/3。

第三，率先提出《财富》500强企业招商战略、从高起点引资。1993年上海率先提出吸引《财富》500强企业为目标的引资战略，不仅与其他城市形成错位，而且能够站在高起点吸引外资。此后上海迅速成为跨国公司进军中国的桥头堡，并辐射到长三角和全国。大量跨国公司的集聚不仅为上海带来资金和技术，更重要的是引入新产业和上下游企业的入驻，推动我国企业进入全球产业链体系，并在上海形成完整的产业链，典型的如汽车产业。此外，《财富》500强企业进入我国，带来企业管理理念的创新，也对上海

---

[1]　严爱云：《开发开放浦东与上海城市的发展》，载百度文库 https://wenku.baidu.com/view/b30a4360a76e58fafbb00375.html。

开放型经济发展产生重要的影响。

第四，紧抓跨国公司地区总部向我国转移的机遇、率先提出地区总部战略构想。1995 年 4 月 4 日，外经贸部颁布《关于外商举办投资性公司的暂行规定》，一时间，跨国公司在华设立投资性控股公司蔚然成风，这些投资性公司一方面担负着投资、再投资，以及在华企业的产品代销、人员培训、信息提供和资金支持等职能，实际承担着功能性总部的使命。另一方面，东南亚金融危机使得跨国公司开始重新思考亚洲市场的重心。中国稳定的市场环境、潜在的市场规模，吸引着跨国公司将地区总部逐渐迁往中国。在十多年开放中，上海的基础设施基础、贸易物流规模和金融市场逐渐发展等优势条件，以及针对世界 500 强的招商战略，已经吸引了一定的跨国公司功能性机构。上海准确把握这一趋势，提出吸引跨国公司总部的战略设想。在外部环境的催化、内部基础的铺垫下，上海逐渐成为新加坡、香港、东京等城市以后，跨国公司亚太地区总部的首选城市。2000 年阿尔卡特在上海成立亚太总部，成为上海总部经济发展的重要标志。

**（三）第三阶段：以拓宽领域和完善功能为指引的引资战略**

第一，简化行政审批、提高项目落地效率。随着我国加入世贸组织，我国对利用外资的法律法规进行调整、取消与世贸组织协定不一致的政策制度。这一阶段，上海吸引外资逐渐转向制度建设，深化行政审批制度改革。上海的外资管理按照政企分开、政资分开、政事分开、政府与中介组织分开的原则。2002 年以来，对 76 项外经贸行政审批事项，进行认真甄别和梳理，采取取消、调整和保留等办法，精简为 33 项。上海率先进行外商投资项目行政审批进行改革试点，探索在外商投资项目管理方式、审批环节和权力运行机制方面实现创新。

第二，以我国服务业扩大开放的机遇，实现吸引外资规模高速增长。这一阶段，一方面，我国逐渐加大银行、证券、旅游、外贸和商业等服务领域的开放，另一方面服务业跨国公司海外投资从跟随目的转为自发战略，服务业国际转移的趋势越来越显著。上海在全国率先从 2.5 产业（生产性服务业）开始发力吸引外资，扩大生产性服务业领域招商引资，外资不断进入汽车金融、资产管理公司、租赁、教育等服务业领域，并加快向商业、物流、广告、金融等领域拓展。由于上海产业开放和外商投资管理体制的逐步完善，政策红利不断释放，2008 年后全球经济虽持续低迷，上海吸引外资的水平和规模却不断创新高，吸引外资领域进一步拓宽。外资融资租赁企业投资设立单机单船项目子公司，独资保安服务公司、邮轮船务公司，合资船舶油污清除公司、养老服务公司等实现"零的突破"。2012 年上海新批外资项目 4043 个，合同吸收外资 223.38 亿美元，同比增长 11.1%；实际吸引外资 151.85 亿美元，同比增长 20.5%，自 2009 年金融危机后，合同、实际吸引外资连续第三年实现双增长。

第三，出台系统的跨国公司地区总部政策，打造总部经济发展高地。吸引跨国公司地区总部是上海扩大开放、提高吸引外资质量和水平的重要内容。2002 年，上海在全国率先出台《上海市鼓励外国跨国公司设立地区总部的暂行规定》（沪府发〔2002〕24 号），2008 年发布《上海市鼓励跨国公司设立地区总部的规定》（沪府办发〔2008〕28 号），2011 年再次修订并发布《上海市鼓励跨国公司设立地区总部的规定》（沪府发〔2011〕98 号）。2017 年 1 月 27 日印发《上海市鼓励跨国公司设立地区总部的规定》（沪府发〔2017〕9 号），2019 年 7 月 25 日印发修订后的《上海市鼓励跨国公司设立地区总部的规定》。2020 年，上海新增跨国公司地区总部51 家。

**（四）第四阶段：以国际规则和制度为对标的引资战略**

第一，探索外商投资管理制度改革，逐步与国际接轨。在上海自贸试验区建立以负面清单为核心的投资管理制度是该阶段上海外资管理的核心，可以分为两个阶段。第一阶段是 2013 年版和 2014 年版负面清单的颁布和实施。这一阶段试点的重要成果是完成由正面清单向负面清单的过渡，并且负面清单的开放度、透明度以及与国际通行规则的衔接度也不断提高。第二阶段主要是 2015 年版、2017 年版负面清单的颁布和实施，这两版清单都统一适用于上海、广东、天津、福建四个自贸试验区。这一阶段的改革重心是将不符措施内容加以扩展，描述更加细化明确，并且与《外商投资产业指导目录（2015 年修订）》以及《外商投资法（草案征求意见稿）》衔接，注重标准的前后衔接和统一，开放度进一步提升。2020 年上海专门制定稳外资 24 条、建立"1+16+2"外资投诉和兜底服务机制、组织召开 17 场政企合作圆桌会议，并举办线上洽谈、线上签约系列活动。同年 11 月 1 日，《上海外商投资条例》实施，这是地方出台的首个外商投资条例。

第二，推动服务业的深度开放，优化服务业外资结构。在开放的第三个阶段，上海积极吸引服务业外资，服务业外资有了明显的起步，但是较为突出的问题即是房地产外资比重过高。为了进一步优化服务业外资结构，上海紧紧抓住自贸试验区服务业开放的机遇。2013 年 9 月 27 日，《总体方案》要求，选择金融服务、航运服务、商贸服务、专业服务、文化服务以及社会服务领域扩大开放，实施 23 条开放措施，暂停或取消投资者资质要求、股比限制、经营范围限制等准入限制措施。2014 年 6 月 28 日，国务院批准《中国（上海）自由贸易试验区进一步扩大开放的措施》，共包括 31 项开放措施，其中涉及服务业领域 14 项、制造业领域 14 项，采矿业领域 2 项，建筑业领域 1 项。2013、2014 年共涉及 54 项开放措施，其中服务业 37 项，其他领域共 17 项。2015 年负面清单未涉及服务业开放，2017 年取消公路旅客运输、外轮理货、资信调查与评级服务、会计审计、农产品批发市场等领域准入限制。2019 年，上海通过《上海市新一轮服务业扩大开放若干措施》。截至 2021 年底，服务业实到外资占全市实到外资的 95.5%，引进外资两大领域分别为以投资性公司、地区总部、股权投资项目为主的商务服务业，以及以信息服务、研发和技术服务为主的高技术服务业，分别占 34%、

30% 和 15.3%。

第三，跨国公司地区总部政策不仅注重数量增长，而且以功能提升为重点。上海市于 2017 年 2 月 14 日公布修订后的《上海市鼓励跨国公司设立地区总部的规定》，以不断优化上海的投资环境、经济发展环境和政策服务环境，增加上海作为跨国公司设立地区总部首选地的吸引力。2019 年，修订后的《上海市鼓励跨国公司设立地区总部的规定》施行，同时生效的还有《上海市人民政府关于本市促进跨国公司地区总部发展的若干意见》。上海已成为中国内地跨国公司地区总部最多的城市，截至 2021 年底，上海跨国公司地区总部累计达 831 家，其中大中华区及以上总部 137 家。其中 95%以上的地区总部具有两种以上功能（82% 的地区总部具有投资决策功能、61% 的地区总部具有资金管理功能、54% 的地区总部具有研发功能、35%的地区总部具有采购销售功能）。跨国公司地区总部仅占全市外资企业总数的 0.2%，却占外商投资企业 23.4% 的进出口额和 13.7% 的税收总额、近10% 的营业收入、17% 的利润总额、6% 的从业人数，经营效率遥遥领先于普通企业。

第四，制定外资研发中心政策，推动上海科创中心建设。上海市历来重视外资研发中心在沪的发展，并一直致力于为外资研发中心营造更加符合国际通行规则的发展环境。随着上海科创中心建设的提出，如何有效发挥跨国公司的溢出效应，是上海吸引外资积极探索的方向。2015 年，根据跨国公司全球研发的发展趋势，上海出台了《上海市鼓励外资研发中心发展的若干意见》，进一步在合作创新、通关通检、人才引进等方面为外资研发中心提供便利，外资研发中心成为科创中心建设的重要力量。2020 年，《上海鼓励设立和发展外资研发中心的规定》公布并施行。截至 2021 年底，上海累计落户的外资研发中心 506 家，培养了超过 4 万名的中方研发人员，外资企业研发经费投入占到全市规模以上工业企业研发总投入 50% 左右。更重要的是，外资研发中心已经成为上海嵌入全球创新网络的重要接口，这些研发中心正逐步提升在全球研发体系中的地位与能级，面向亚太地区乃至全球开展"在上海、为世界"的技术创新和产品开发，进一步密切上海与全球创新网络的联系，成为全国外资企业融入城市创新体系的表率。

### 三、上海引进外资的实践探索和模式创新的总结及启示

20 世纪 80 年代之后，城市作为全球经济单元的重要性日益提升，成为跨国公司总部和地区总部集聚地以及全球贸易投资的主要目的地。改革开放40 多年来，上海抓住全球资本的转移趋势和我国开放的机遇，不断完善政策和制度，成为我国吸引外资的重要城市，成为全球资本的重要目的地，其探索的经验对我国企业城市和区域具有一定的经验借鉴。

#### （一）从门户到营商环境建设：不断提高引进外资着力点

投资环境是影响和决定外商投资的决定因素，包括硬环境和软环境。硬环境是指将劳动者、能源、水、服务和市场连接起来的基础设施建设，主要包括交通运输（空运和陆运）、信息通信技术、高速互联网、能源与物流体系（尤其是指支持产业集聚发展和全球价值链活动的基础设施）。在改革开放之初上海加强硬件基础设施建设，包括酒店、旅游、会展场馆、国际机场、航线网络等门户基础设施建设，吸引大量外资企业来沪投资。随着我国对外开放的深度推进，沿海和中西部城市得以发展，上海开始在软环境方面着力，包括法律法规、管理制度、服务体系建设等。

#### 1. 法律法规

法律法规制度的健全，是衡量地区投资环境稳定性的首要因素，上海一方面强化立法功能和机制建设，完备本地区对外商投资实施监督、管理和保护的司法依据。1986 年 6 月 20 日，上海市人大通过的《上海市中外合资经营企业、中外合作经营企业、外资企业申请和审批规定》是上海市制定的第一个外商投资的地方性法规。此后开发区建设被纳入法制轨道：1987 年3 月公布《上海市关于闵行、虹桥经济技术开发区外商投资的优惠规定》；

1988 年 11 月市人大通过《上海市经济技术开发区暂行条例》；1990 年 9 月，市政府连续公布《上海市鼓励外商投资浦东新区的若干规定》《上海市外高桥保税区条例》，使吸引外资有法可依、有章可循。2012 年 11 月 21 日，上海市第十三届人民代表大会常务委员会第三十七次会议通过《上海市推进国际贸易中心建设条例》（2013 年 1 月 1 日起施行）。至开放的第四个阶段，上海在吸引外资无论在规模、增速、领域都达到一个前所未有的高度。在这个阶段，上海获得代表国家参与国际贸易投资规则重构的机遇，并通过法律法规的形式得以践行。上海市第十四届人民代表大会常务委员会第十四次会议于 2014 年 7 月 25 日通过《中国（上海）自由贸易试验区条例》，集实施性法规、自主性法规、创制性法规的性质于一身，确立了上海作为改革开放排头兵、创新发展先行者，以制度创新为核心，对标国际投资与贸易通行规则。

## 2. 管理制度

改革开放以来，上海不断探索符合国际规范的外商投资管理制度。1984 年 4 月，上海建立"吸引外资联合会议"制度，1988 年 6 月 10 日，上海市外国投资工作委员会成立。根据《中共中央办公厅、国务院办公厅关于印发〈上海市人民政府机构改革方案〉的通知》（厅字〔2008〕17 号）的规定，为了更好地履行对外资的服务职能，将原上海市对外经济贸易委员会（上海市外国投资工作委员会）的外资项目审核职责交给上海市发展和改革委员会，将原上海市对外经济贸易委员会（上海市外国投资工作委员会）的有关职责划入上海市商务委员会，这是加入世贸组织以来，外商投资管理制度的最大变化。上海自贸试验区成立后，外资管理制度再一次进行了重大调整，实行对标国际的以负面清单管理为核心的投资管理制度，形成与国际通行规则一致的市场准入方式。以促进投资便利化为目标，建立准入前国民待遇加负面清单的外商投资管理制度。全国人大常委会已审议通过修改《外资企业法》等四部法律规定的有关行政审批决定，外资备案管理制度已在全国实施。建立企业准入"单一窗口"制度，变多个部门分头管理为"一表申报、一口受理、并联办事"的服务模式。率先探索"先照后证"、注册资本认缴制、统一营业执照样式等商事制度改革。并通过构建完善市场监管体系来加强事中事后监管。

### 3. 促进体系

在完善制度的同时，上海借鉴国际经验，建立相应的促进体系。1984年，上海根据国家吸引外资宏观调控的总方针，完善吸引外资的管理和服务体制，成立外国投资工作领导小组。1987年闵行经济技术开发区就实行每周一次让全区水、电、煤气、通讯等公用事业单位集中办公、上门服务；将金融、海关、商检、税务和中介机构集中办公，为外商独资企业提供"一条龙"服务。1988年，上海开创"一站式"窗口，成为服务外商投资企业的服务新模式，并从全市到各个区县建立"一站式"服务体系。[1] 2013年，上海自贸试验区建立后，建立外商投资企业准入的"单一窗口"，包括从企业设立到企业工商变更、统计登记、报关、报检单位备案登记等环节拓展，逐步扩大"单一窗口"受理事项范围，完善原先的"一站式"服务中心的功能，"单一窗口"制度此后逐步复制推广到上海其他城区以及全国部分城市。2020年11月，上海市大数据中心会同市商务委等部门，发布"一网通办"国际版。同时在电脑端（中国上海门户网站）和移动端（随申办）提供涉外专版服务。服务内容涵盖25个委办的61类涉外服务事项、150多项办事内容，定制开发英文版用户注册、登录，办事服务、政策文件的内容检索等功能，为境外人士和外资企业提供便捷、权威的政务服务。上线不到两个月，"一网通办"国际版首页访问量34万次，环比增长72%；新增境外人士注册用户2.5万。截至2020年底"一网通办"境外人士注册用户已经超过30万，外资企业注册用户超过9万家。

---

[1] 参见杨国强：《上海开放型经济30年》，上海人民出版社2008年版。

2020年上海市开展的以"投资上海"为主题的投资促进活动也在吸引外资方面发挥了重要作用。活动以城市推介大会为统领，向外界充分展示上海城市形象，深化对接合作和推动高质量发展，与会嘉宾一半以上是跨国公司代表，其中90%以上是中国区总裁以上级别。进博会参展商超过60%，45家企业来自世界500强，最终推动如乐高乐园落户金山、雅诗兰黛和阿斯利康投资设立全球研发中心等优质外商直接投资项目。

**（二）从单个企业、产业集群到功能机构引进：不断探索外资的集聚和辐射效应**

在开放的早期，由于土地、劳动力的资源的充沛，上海引用外资的空间比较大，引资形式以单个企业、绿地投资为主。20世纪90年代后期，面临土地资源有限、商务成本上升等不利因素，上海注重产业链招商，整体引进相关企业上下游关联企业，进一步吸引相关企业集聚，提升集群效益的引资新方式。这种招商策略带来积极的效果，例如张江的生物医药产业，吸引了罗氏、诺华、辉瑞、阿斯利康等10多家跨国医药研发中心，培育了中信国健、微创医疗、复旦张江等一大批明星企业，并有勃林格殷格翰、葛兰素史克等大型生产企业、300余家研发型科技中小企业、40余家CRO公司，形成国内最为完善的生物医药创新网络。

在这种思路下，上海调整外资的空间布局，开发区分布以郊区为主，突出制造业集聚。同时在中心城区打造现代服务业集聚区，并通过错位招商形成地区集聚趋势，包括南京西路专业服务商务区、世博园区会展商务集聚区、赵巷商业商务区、长风生态商务区、虹桥商务区核心区等，服务业的集聚效应推动上海服务经济在全国率先形成。

从单个企业到区域产业集群，跨国公司500强企业在上海产业布局不断跨界，并且在区域上以上海为核心，向长三角地区和全国布点，上海作为管理中心、投资中心的作业日益凸显。上海不仅顺应此种趋势，并且从引资战略上进行调整，政策从产业向总部机构倾斜，通过加大吸引管理决策、资金管理、采购、销售、物流、结算、研发、培训等复合型功能的总部，不仅推动产业结构调整、能级提升，而且推动城市功能的发展。通过跨国公司全球业务的连接，上海与全球经济的密切联系，发挥国际贸易中心、国际金融中心、国际航运中心和国际经济中心的作用，成为全球经济的重要节点，推动作为全球城市的发展。

### （三）从加工制造到研发创新：不断调整适应全球产业发展趋势

上海开放型经济从承接外资加工生产项目起步，加工制造业成为外资制造业的主要支撑，加工贸易占据上海进出口的半壁江山。2008年金融危机以后，跨国公司为降低生产成本，将加工制造业转移到成本更低的国家，上海出现大规模的制造业外资雁形转移和劳动力的流失。20世纪末，跨国公司研发国际化趋势日益增强，而随着加工制造业的调整，上海的产业、人才等资源要素重新积淀和调整，上海的人力资源优势凸显，吸引了越来越多的跨国公司将部分研发活动放在上海。上海准确把握了这一机遇，于2003年、2015年、2020年出台一系列政策，以鼓励外资企业在沪设立研发机构，这一系列政策导向大大推动了跨国公司研发机构向上海的集聚。同时，驻沪跨国公司研发中心从研发本土化向研发全球化发展，甚至出现"反向创新"，即通过上海的研发中心率先研发出高端新产品，而后再销往母国及其他发达国家市场，这使得跨国公司上海研发中心升级为全球研发中心，使得上海融入全球研发网络之中。上海外资研发机构主要集中在信息技术、医药、汽车及其零部件和化工等高新技术产业，这些行业成为上海参与全球竞争的高端行业，在全球价值链中的地位也在不断抬升。

随着全球经济进入互联网数字新经济时代，创新思想、要素和模式不断涌现，跨国公司封闭式研发存在流程长、成本高、决策慢等组织问题，而市场的需求快速变化，基于以上的现状，从封闭式研发走向以合作共享开放协同为特征的开放式创新，尤其体现在生物医药、电子、快速消费品领域。而上海也发掘这种趋势，通过政策措施的探索，积极推动外资融入上海科创中心建设。

## 第二节　浦东开发开放 30 年吸引外资回顾

30 多年前，随着开发开放一声号角，浦东成为中国改革开放的新地标。开发开放之初，浦东创造出"资金空转、土地实转"的新模式，依靠这种新模式，浦东撬动了一个个外资大项目，支撑起上海外资的半壁江山。随着改革开放的深入推进，2013 年上海自贸试验区成立后，拿出了我国第一张外商投资负面清单，浦东成为我国制度型开放的前沿阵地。在经济全球化新趋势下，作为改革开放前沿，浦东外资高质量发展，需要率先探路，破未破之题，进行历史经验的回顾和总结，很重要的目的是增强开拓前进的勇气和力量。

### 一、浦东开发开放的阶段和吸引外资的特征
### （一）以开发开放作为开放型经济发展的起点（1990—2000 年）

这一阶段，浦东以开发开放为起点，不断推进开放型经济发展。1990年，党中央、国务院决定开发开放上海浦东，浦东通过开创性实行土地对外批租、土地二级运转模式等举措，将土地为代表的生产要素向国际市场开放，吸引了制造业外资企业入驻。1994 年，浦东吸收外资项目 1035 个，创造了阶段性的最高纪录。浦东坚持招商方式创新，挖掘招商潜能，如采用"小政府大社会"行政体制，在全国率先实行"一门式"服务，加快招商引资进度，逐步探索招商网络制、代理制、责任制等招商方式创新，激发招商引资活力。1997 年，东南亚金融危机爆发，我国外资合同金额下降 29%，为此，浦东实施了更加积极主动的引资策略，上海通用汽车、华虹 NEC、

上海克虏伯不锈钢、美国柯达等特大项目支撑浦东外资在困境中逆势增长。浦东还积极吸引金融、贸易等外资机构，引进国际著名展览机构、钻石交易所等拓展会展功能，由此带来了资金流、人才流、信息流、技术流、物质流等，城市功能迅速提升。1990—2000 年浦东外资合同项目数、合同额、实到额分别增长 23.8 倍、83.8 倍、67.1 倍，占全市的比重从 13.8%、15.9%、7.3% 上升至 38.2%、45.1%、28.0%。

### （二）提高开放型经济的国际竞争力（2001—2012 年）

这一阶段，浦东开放型经济通过与一系列改革开放战略叠加，不断提升国际竞争力。2001 年，我国加入世界贸易组织（WTO），浦东紧抓我国加入世贸组织机遇，以张江、陆家嘴和外高桥等为主要载体，将开放型经济发展重点领域从一般生产加工扩大到服务业，率先落实上海出台的系统性跨国公司地区总部政策，重点引进跨国公司地区总部、研发中心、外资金融机构、专业服务中介等。2005 年，国务院批准浦东成为全国第一个综合配套改革试验区，标志着浦东开发开放的动力由主要依靠政策优惠和投资拉动转入体制创新。2009 年，原南汇区行政区域划入，浦东开放型经济空间得到扩大。2010 年，浦东迎接世博会机遇，通过利用外资在资金、项目、要素配置以及人才引进培育、科技研发等方面形成优势。2001—2012 年，浦东外资合同项目数、合同额、实到额分别增长 0.1 倍、2.6 倍、1.1 倍，占全市的比重从 35.8%、27.2%、52.5% 变为 24.1%、32.6%、31.8%，2005 年时占 42.4%、40.9%、45.4%，为这一阶段峰值。

### （三）对标国际推动开放型经济制度创新（2013 年至今）

这一阶段，浦东利用自贸试验区契机对标国际高标准，推动开放型经济制度创新。2013 年，上海自贸试验区成立，并于 2015 年扩区，浦东利用该契机，以制度创新为核心，积极探索建立与国际通行规则相衔接的制度体系，加大在投资、贸易、金融和事中事后监管等领域改革力度。积极推进"三区一堡"[1]建设，成为我国构建开放型经济新体制的重要试验田；负面清单持续缩减，从最初的 190 条减少到 2020 版的 33 条[2]，并在全国复制推广；先后推出 2 批 54 项制造业和服务业扩大开放措施，累计有 3661 个项目落地，创造了专业再保险经纪、职业技能培训、医疗机构、保险领域等多个全国"第一家"外资独资机构。2013—2020 年以来，上海自贸试验区新增企业 6.9 万家，是前 20 年同一区域的 1.7 倍，其中，新设外资企业 1.2 万户，外资企业占比从初期的 5% 上升至 17.4%，全市近一半外资企业落户在自贸试验区，累计实到外资 415.4 亿美元，累计办结境外投资项目超过 2700 个。[3]同时，浦东服务于上海"五个中心"建设，不断完善总部经济和研发中心政策，跨国公司地区总部数量从 2012 年底的 193 家增加至 2020 年底的 359 家[4]，年均增加 20 家，张江成为全市外资研发中心的重要集聚区。2013—2020 年，浦东外资合同项目数、实到额分别增长 0.5 倍、0.9 倍，占全市的比重从 26.9%、30.0% 上升为 27.1%、46.3%。[5]

在浦东开发开放 30 年进程中，浦东不断落实国家战略，调整自身在改革开放进程中的历史方位和功能定位：从经济领域的改革到综合配套改革，

---

[1] 指开放和创新融为一体的综合改革试验区、开放型经济体系的风险压力测试区、提升政府治理能力的先行区、服务国家"一带一路"建设和推动市场主体走出去的桥头堡。

[2] 《自由贸易试验区外商投资准入特别管理措施（负面清单）(2020 年版)》，载中国政府网 http://www.gov.cn/zhengce/zhengceku/2020-06/24/content_5521523.htm，2020 年6 月 24 日。

[3] 根据浦东发布、上观新闻等公开报道和《2020 年 12 月浦东统计月报》相关数据整理得出。

[4] 《浦东新区人民政府办公室关于印发〈浦东新区外向型经济发展"十四五"规划〉的通知》，载上海市浦东新区人民政府网站 https://www.pudong.gov.cn/14556.gkml_ghjhl/20220110/546158.html，2021 年 10 月 27 日。

[5] 根据《2014 浦东年鉴》《2020 浦东年鉴》《2020 年 12 月浦东统计月报》相关数据整理得出。

从改革开放的"窗口"到攻坚破冰的"试验田",从我国的工业基地到上海"四个中心"建设核心功能区以及全球有影响力的科技创新中心主承载区等,以对外开放为核心的浦东开发开放历程,催生浦东独特的开放型经济发展路径——以开放促改革、促发展。

## 二、浦东吸引外资发展情况和特征

### 1. 利用外资规模保持领先地位

"十三五"以来,浦东外资合同项目数、实到额在全市占比分别从"十二五"末的 62.0%、35.0% 变化至 2020 年的 27.1%、46.3%,实到外资情况良好(见图 1-1)。2016—2020 年,浦东累计外资合同项目数、实到额全市占比相较"十二五"期间分别变化 −4.4、12.5 个百分点。从全市各区比较看,2020 年,浦东实到外资额仍位居全市第一,但增速有所放缓(见表 1-1)。

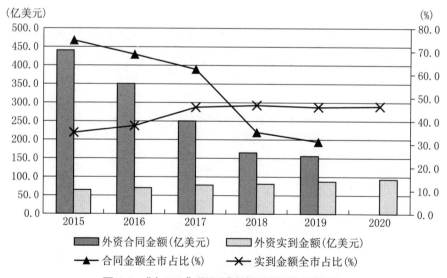

图 1-1 "十三五"期间浦东新区利用外资情况

数据来源:根据 2016—2020 浦东统计年鉴以及 2020 年 12 月浦东统计月报整理。

表 1-1　2020 年上海市各区利用外资情况

| | 外资项目数（个） | 同比增速（%） | 外资合同额（亿美元） | 同比增速（%） | 外资实到额（亿美元） | 同比增速（%） |
|---|---|---|---|---|---|---|
| 浦东新区 | 1558 | −20.7 | | | 93.8 | 6.9 |
| 虹口区 | 116 | 0.0 | 13.5 | 1.2 | 13.0 | 1.5 |
| 普陀区 | 179 | −39.7 | 21.9 | −43.9 | 12.1 | 10.2 |
| 杨浦区 | 150 | −5.7 | 21.3 | 4.0 | 11.4 | 10.0 |
| 闵行区 | 997 | 37.1 | 36.8 | 10.0 | 11.0 | 43.3 |
| 嘉定区 | 273 | −1.1 | 25.2 | −20.5 | 10.4 | −6.3 |
| 黄浦区 | 128 | −21.5 | 15.7 | 5.3 | 8.2 | 5.1 |
| 静安区 | 181 | −5.2 | 16.0 | 32.9 | 7.8 | 1.6 |
| 徐汇区 | 223 | −29.9 | 13.1 | 4.9 | 7.7 | 0.7 |
| 长宁区 | 214 | −0.5 | 7.2 | −36.3 | 7.6 | 4.9 |
| 青浦区 | 207 | 34.4 | 19.8 | 41.4 | 5.0 | −34.1 |
| 宝山区 | 306 | −21.7 | 14.0 | −20.9 | 3.9 | 29.0 |
| 松江区 | 600 | −2.4 | 11.1 | 24.9 | 3.4 | 28.2 |
| 金山区 | 337 | 37.0 | 3.9 | 18.3 | 3.0 | 18.8 |
| 奉贤区 | 786 | 4.7 | 18.1 | 70.3 | 2.9 | 8.4 |
| 崇明区 | 316 | 16.2 | 8.0 | −9.2 | 1.6 | −28.9 |

数据来源：根据上海市各区公开统计公报资料整理。

### 2. 利用外资结构进一步优化

利用外资实现产业结构服务化。2020 年，受制造业重大项目引进影响，浦东第二产业实到外资 10.3 亿美元，同比下降 16.9%，占比由"十二五"末的 14.5% 降至 11.0%；第三产业吸引实到外资占比保持在 90% 左右，2020 年全市占比为 89.0%（见图 1-2），主要集中在租赁和商务服务业、信息传输 / 计算机服务和软件业、金融业、批发和零售业等领域，全区占比分别为 33.2%、11.9%、11.8%、10.2%。外资来源地实现结构多元化。截至

2020 年底，来浦东投资的国家 / 地区总数达 171 个[1]，较"十二五"末新增投资来源地 39 个。2020 年，对浦东投资前三位国家 / 地区依次为：中国香港、新加坡、日本，合计占全区实到外资比重从"十二五"末的 74.3%下降至 73.0%，其中中国香港的实到外资占比从 51.3% 上升至 56.7%[2]。

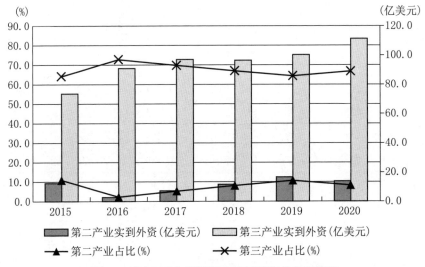

图 1-2 "十三五"期间浦东实到外资分产业情况

数据来源：根据 2016—2020 浦东统计年鉴以及 2020 年 12 月浦东统计月报整理。

### 3. 外资主导外贸创新发展

外资企业主导的外贸发展格局继续保持。"十三五"以来，浦东货物进出口、出口、进口规模总体保持平稳增长，占全市比重基本保持平稳。2020 年，浦东实现进出口总额 20937.6 亿元，占全市的比重由"十二五"末的 60.2% 变化至 60.1%（见图 1-3）。2016 年，浦东外资企业进出口占全区比重为 69.6%，2020 年微降至 69.0%，浦东外贸仍保持以外资企业

[1] 《浦东新区人民政府办公室关于印发〈浦东新区外向型经济发展"十四五"规划〉的通知》，载上海市浦东新区人民政府网站 https://www.pudong.gov.cn/14556.gkml_ghjhl/20220110/546158.html，2021 年 10 月 27 日。

[2] 根据历年浦东统计年鉴和《2020 年 12 月浦东统计月报》相关数据整理。

主导的发展格局（见图1-4）。贸易方式持续创新。为满足以外资企业为主的离岸贸易跨境结算便利化方面的突出需求，浦东离岸贸易不断创新突破。

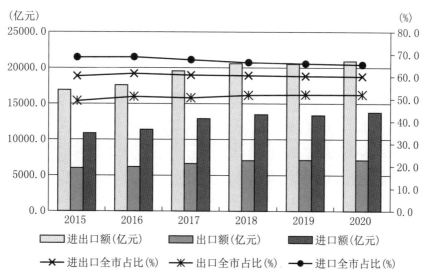

**图 1-3 "十三五"期间浦东新区进出口情况**

数据来源：根据2016—2020浦东统计年鉴以及2020年12月浦东统计月报整理。

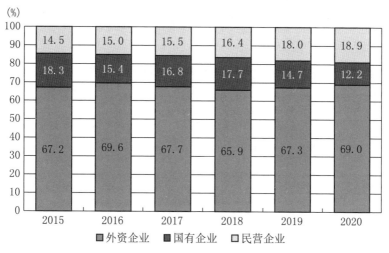

**图 1-4 "十三五"期间浦东进出口企业性质结构**

数据来源：根据浦东新区统计局网站数据整理。

截至 2021 年 5 月底，浦东离岸转手买卖业务集聚效应已经初步显现，"离岸经贸业务企业名单"试点企业数量、收支金额分别超过上海市的 80% 和 90%[1]。

### 三、浦东吸引外资的优势展望

#### 1. 国家开放战略叠加优势

浦东继续作为改革开放的前沿阵地和国家战略的集中承载地，承担"一带一路"桥头堡、自贸试验区、国家自主创新示范区和国家综合配套改革试验区等国家战略任务。首届进博会上，习近平主席提出的增设上海自贸试验区新片区、在上交所设立科创板并试点注册制、将长三角区域一体化发展上升为国家战略三项新任务，均与浦东紧密相关。国家开放战略的叠加优势，成为浦东"十四五"时期外资发展的重要保障。

#### 2. 自贸试验区制度创新优势

2020 年 1 月，我国正式施行新外资法，外资管理从准入前管理进入到准入后管理。2013 年以来，上海自贸试验区率先探索负面清单管理模式和商事登记制度，为新外资法的实施做好准备。此外，自贸试验区形成以备案管理为主的境外投资管理制度，以推动新型贸易发展模式和贸易功能创新等的贸易便利化制度，形成诸多可复制可推广的改革经验。自贸试验区制度创新的优势，是浦东外资高质量发展的保障。

#### 3. "五个中心"核心功能承载优势

浦东外资企业推动上海"五个中心"核心功能持续提升。国际金融中心建设功能区，截至 2020 年底，浦东外资金融机构占内地总数的近三分之一，外资法人银行、保险机构、基金管理公司均占一半左右，成为境内外资

---

[1] 《上海自由贸易试验区离岸转手买卖等新型国际贸易增势良好》，载国家发展和改革委员会网站 https://www.ndrc.gov.cn/fggz/gbzj/xtfc/202105/t20210506_1279260.html?code=&state=123，2021 年 5 月 6 日。

金融机构最集中的城市。全球资管规模排名前十的资管机构均已在沪开展业务，全国 33 家外资私募证券投资基金管理人（WFOE PFM）中有 29 家落户上海[1]，绝大部分在浦东，形成全国领先的金融对外开放格局。国际贸易中心建设承载区，全球十大矿业集团、十大金属贸易公司中分别已有 5 家、6 家落户浦东，全球四大粮商"ABCD"中已有 3 家落户浦东[2]，外资贸易公司的集聚为浦东国际贸易中心核心承载区建设注入强大的活力。国际航运中心建设核心区，浦东高端外资航运服务机构加快集聚，全球最大造船企业、综合运力世界第一的船舶运输企业设立总部，国际海事组织设立亚洲海事技术与合作中心，德国物流联盟、英国皇家特许船舶经纪协会等设立上海代表处，国际船舶管理企业占全市 69%，其中全球排名前十有 4 家[3]，全球三大国际船舶管理公司——威仕、中英及贝仕均已落地。科创中心建设承载区，全球创新 100 强企业中已有 76 家在浦东有投资[4]，罗氏、诺华、微软等一大批跨国公司地区总部创新功能从传统的本土研发和集团内部研发创新向全球化研发、开放式创新转变，外资研发中心已成为浦东嵌入全球创新网络的重要接口。上海"五个中心"建设核心功能承载优势，成为"十四五"时期浦东开放型经济打造新优势的功能保障。

### 4. 总部经济集聚优势

浦东已成为上海乃至全国跨国公司地区总部最为集聚的地区。总部机

---

［1］《上海市人民政府关于印发〈上海国际金融中心建设"十四五"规划〉的通知》，载上海市人民政府网站 https：//www.shanghai.gov.cn/nw12344/20210824/4cdd2059783a4e64b8a329e08c66ce67.html，2021 年 8 月 24 日。

［2］《浦东"闯将"闯出新天地——浦东新区全力推进改革开放再出发》，《新民晚报》2019 年 9 月 30 日。

［3］《浦东新区人民政府办公室关于印发〈浦东新区外向型经济发展"十四五"规划〉的通知》，载上海市浦东新区人民政府网站 https：//www.pudong.gov.cn/14556.gkml_ghjhl/20220110/546158.html，2021 年 10 月 27 日。

［4］《吸引了 76% 的全球创新百强企业来投资，上海浦东有何秘诀？》，载澎湃新闻 https：//m.thepaper.cn/newsDetail_forward_3089827，2019 年 3 月 7 日。

构加快集聚，截至 2020 年底，浦东累计获认定的跨国公司地区总部达 359 家，占全市的 46.6%，主要分布在陆家嘴、张江、金桥、外高桥保税区等区域[1]。总部能级不断提升，累计获认定的亚太区总部占全区的 20% 以上[2]，具有亚太区管理职能的跨国公司地区总部约占总数的 1/3，发挥了总部功能和配置全球资源的能力。高能级主体集聚优势，是"十四五"时期浦东开放型经济链接全球的重要力量。

---

[1]《浦东新区人民政府办公室关于印发〈浦东新区外向型经济发展"十四五"规划〉的通知》，载上海市浦东新区人民政府网站 https://www.pudong.gov.cn/14556.gkml_ghjhl/20220110/546158.html，2021 年 10 月 27 日。

[2]《跨国公司亚太总部、全球总部纷纷落户浦东，浦东营商环境赶超新加坡！》，载网易网 https://www.163.com/dy/article/GG2T9AR80514A42S.html，2021 年 7 月 29 日。

# 第二章

# 全球投资趋势、特征和上海吸引外资的思路

跨国公司是全球贸易的载体，推动经济全球化向更多的国家和城市渗透。上海集聚了 6 万多家跨国公司，通过跨国公司这一经济全球化的主体，上海与全球城市以及全球经济之间形成更多紧密的贸易投资联系，因此上海外资发展走势直接与全球投资趋势紧紧相连。本章面向全球，通过对全球投资趋势和特征的把握，从全局层面更加清晰地透视上海外资高质量发展的路径。

## 第一节　后危机时代全球 FDI 新趋势与上海吸引外资的思路

2008 年金融危机是超级全球化时代终结的拐点事件，随着全球经贸摩擦、新冠疫情等政治经济、自然社会领域危机频发，引发全球投资格局和规则变化，上海吸引外资战略需要进行研究和调整。

### 一、新冠疫情危机对全球 FDI 的影响

根据联合国贸易和发展会议（UNCTAD）数据，2020 年，全球外国直接投资（FDI）金额下降 35%，从 2019 年的 1.5 万亿美元降至 1 万亿美元。这是自 2005 年以来的最低水平，比全球金融危机后的 2009 年低点低了近 20%（见图 2-1）。

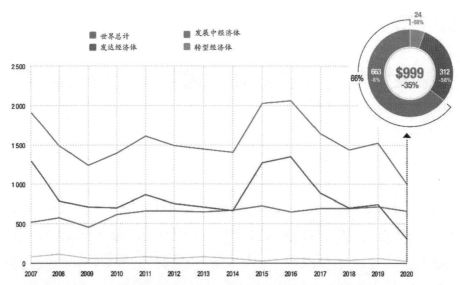

图 2-1 2007—2020 年全球和按经济体分外国直接投资流入额（单位：十亿美元）

数据来源：联合国贸易和发展会议《世界投资报告 2021》。

从国别结构来看，2020 年，流入发达经济体的 FDI 金额为 3120 亿美元，同比下降 58%，占总量的 31%，是过去 25 年的最低水平，部分原因是公司交易和公司内部资金流动造成的震荡。流入发展中经济体的 FDI 金额更有弹性，仅下降 8% 至 6630 亿美元，占全球总量的三分之二（2019年其占比不到全球总量的一半），主要受益于亚洲的 FDI 较为强劲。流入转型期经济体的 FDI 金额为 240 亿美元，同比下降 58%，占总体的比重为 3%。

从行业结构来看，2020 年，全球绿地投资项目总价值为 5640 亿美元，同比下降 33%，为该部门历史新低。初级部分、工业绿地投资急剧下降，然而信息和通信技术产业投资增速超过 22%。国际项目融资总价值达 3660 亿美元，同比下降 42%，但是电信投资广泛增加。跨境并购总价值达 4750 亿美元，同比下降 6%，但是食品、医药、信息并购销售额或交易数量逆势增长。

新冠疫情发生以来，国际组织预测，短期全球 FDI 将会进入下行通道，但是对全球 FDI 的长期影响将是结构性的，投资规则、投资模式、投资结构、投资收益都将面临长期调整。

**（一）投资规则的影响**

根据联合国贸易和发展会议最新投资政策监测（IPM）显示，投资自由化、促进和便利化等规则导向长期没有变化[1]。但是短期而言，疫情之后，多边和双边的贸易投资规则、母国和东道国国内国际投资政策可能面临调整。疫情中，国与国之间对防护物资的争抢和管制，凸显区域贸易投资规则的失灵，在美加墨自由贸易协定中，原北美自贸协定中的投资争端解决机制被大幅修改，疫情后，以单边机制影响多边机制的趋势将进一步强化。疫情前，美欧日等国家已经通过税收等政策推动本国制造业回归。疫情中，欧美等国家面临的口罩、防护服、呼吸机等物资的短缺，欧美日等发达国家提出卫生、医疗领域的产业链回归，并通过财政的力量支持，例如美国提出如在华企业撤出中国将提供相应政策支持，日本拟出资 22 亿美元协助日本企业回归本土或分散市场。疫情中，3M 和特朗普之争，显示了跨国公司的全球属性遭到挑战，需要在母国和全球利益之间权衡。疫情后，发达国家可能更加趋向于通过税收、财政等政策吸收本国企业回流，发展中国家不仅面临着吸收 FDI 的竞争，而且还面临着国际投资政策工具箱的竞争。疫情后，母国对海外跨国公司的管理将会进一步趋严，这将影响全球跨国公司投资税务、资金等管理规则，国际投资协定将可能从关注保护本国企业在协定国投资利益，转向加强对本国企业在海外投资的管理。

**（二）投资模式的影响**

**1. 投资导向的影响**

全球 FDI 导向主要分为市场、资源、效率和成本驱动，受疫情扩散影响最大的将是市场导向、效率导向和资源导向的投资，而成本导向型投资受

---

[1]　UNCTAD, *Countries Launch Investment Policies to Counter COVID-19*, April 3, 2020.

到的影响可能较小。消费需求虽然具有棘轮效应，但是由于疫情引发的经济衰退，需求的延迟和取消很难在疫情后获得报复性反弹，以市场导向为主的全球投资将被延后，预计随着疫情得到控制，生产消费需求的回升将带动此类投资的回暖，但是这需要一定的时间去消化疫情造成的冲击。效率导向型和资源导向型的投资由于依托全球价值链和供应链网络，受疫情影响地区嵌入全球价值链的程度受物流影响，跨国公司开始重新审视其供应链和全球组织架构，或将重塑全球价值链和投资格局。新冠疫情大流行正在造成全球供应链混乱和延误，企业和消费者无法可靠地接收来自国际供应商的发货，这将使得与全球价值链紧密结合的效率导向型投资受到负面影响，未来全球价值链投资未来不仅注重效率，安全的重要性也将提升。

## 2. 投资方式的影响

一是新冠疫情对新宣布绿地投资短期推进影响大、长期影响有限。根据世界银行《营商环境报告》，企业的生命周期从开办、施工、获得电力、获得信贷，到保护少数投资者、纳税、跨境贸易、执行合同和办理破产等，流程复杂繁琐，新设绿地投资过程涉及了前四项。新冠疫情全球暴发直接影响新宣布的绿地投资项目，疫情防控要求直接拉长开办、施工等进程周期。长期而言，绿地投资项目的孕育期较长，生命周期也甚至可能长达数十年，疫情对现有投资项目和在建投资项目的长期影响可能有限。二是疫情或成为跨国并购催化剂。与绿地项目一样，跨境并购通常是对海外市场的长期承诺，短期的旅行限制使得并购活动也会放缓，联合国贸易和发展会议最新数据显示，跨境并购的完成率大幅下降，从正常的每月 400 亿—500 亿美元降至不足 100 亿美元。跨境并购是对现有项目的购买，不涉及开办、施工等流程，短期影响要弱于绿地投资。但是，长期来看，新冠疫情冲击影响比较大的行业进入洗牌期，尤其是部分冲击较大的行业和企业业绩会下滑，使得原先并购计划提前进入实施阶段，例如欧洲私募巨头 Permira 计划重新在英孚中国第一季度财报发布后重新评估谈判价格，待恢复元气前以便乘机收购（见表 2-1）。

表 2-1　2019—2020 年全球 FDI 按跨境并购、绿地投资和项目融资划分情况

| 集团经济 | 外商直接投资领域 | 价值（十亿美元） | | 增长率（%） | 数量（个） | | 增长率（%） |
|---|---|---|---|---|---|---|---|
| | | 2019 | 2020 | | 2019 | 2020 | |
| 总计 | 跨境并购 | 507 | 475 | −6 | 7118 | 6201 | −13 |
| | 绿地项目投资 | 846 | 564 | −33 | 18268 | 12980 | −29 |
| | 国际项目融资 | 634 | 366 | −42 | 1118 | 1061 | −5 |
| 发达经济体 | 跨境并购 | 424 | 379 | −11 | 5802 | 5225 | −10 |
| | 绿地项目投资 | 346 | 289 | −16 | 10331 | 8376 | −19 |
| | 国际项目融资 | 243 | 175 | −28 | 543 | 587 | 8 |
| 发展中经济体 | 跨境并购 | 82 | 84 | 2 | 1201 | 907 | −24 |
| | 绿地项目投资 | 454 | 255 | −44 | 7240 | 4233 | −42 |
| | 国际项目融资 | 365 | 170 | −53 | 516 | 443 | −14 |
| 转型经济体 | 跨境并购 | 1 | 12 | 716 | 115 | 69 | −40 |
| | 绿地项目投资 | 46 | 20 | −58 | 697 | 371 | −47 |
| | 国际项目融资 | 26 | 21 | −18 | 59 | 31 | −47 |

数据来源：联合国贸易和发展会议《世界投资报告 2021》。

### （三）投资结构的影响

### 1. 区域结构的影响

一方面投资促进活动趋向于近岸化和本土化。新冠疫情是对社会交往模式的改变，保持适当的空间距离的重要性和安全性重新被认识，这将对全球 FDI 投资促进活动模式带来影响。跨境投资复杂性较高，企业通常需要组建大型的

商务谈判团队，包括内部团队外，还需要聘请专业的中介机构进行项目的尽职调查，如投行、技术、商务、法律、财税等。为防控疫情需要，多国采取限制人员流动的管控措施，同时企业也尽量减少人员聚集而采取远程办公的方式，但给现场的尽职调查以及审计评估工作带来困难，因此投资促进活动趋向于近岸化和本土化。另一方面地区疫情控制效果和效率成为考虑区域投资竞争力的参考因素。新冠疫情对区域投资的竞争力影响将取决于四个方面：一是新冠疫情在区域扩散的范围和程度，体现了区域对突发事件的识别能力；二是区域应对疫情措施的实施和成效，体现了区域对突发事件的施策效果；三是区域恢复生产的进度，体现了突发事件下区域经济的弹性；四是区域应对经济下行压力的各类宏观政策及其效应，体现了突发事件冲击后的长期修复能力。

### 2. 行业结构的影响

新冠疫情对全球 FDI 行业导向有负向和正向两个方面，从负向来看，旅行限制、保持社交距离是对线下旅游、餐饮、零售、娱乐、教育等服务行业的严重冲击，这些领域短时间内不会形成全球 FDI 大规模流入。从正向来看，数字化和医疗健康相关领域投资在疫情防控中的作用凸显，具体体现为：在电子商务领域，宜家、欧莱雅渗透到中国线上销售，百事以 7.05 亿美元收购"百草味"线上品牌。在数字技术领域，根据《金融时报》外国投资监测机构追踪，2020 年 3 月有一半以上投资是由提供软件和 IT 服务的公司提供的。此外，网络安全也是外国直接投资中流入最热门的子行业，特别是网络安全技术领域。新冠疫情危机给全球的医疗系统带来前所未有的压力，医疗保健和生物领域的生物技术是目前最热门行业，例如比尔·盖茨将斥资数十亿美金致力于全球新冠病毒疫苗研发。

### （四）投资收益的影响

根据联合国贸易和发展会议 2020 年 3 月的调查[1]，作为全球投资趋势

---

[1] UNCTAD, *Impact of The Coronavirus Outbreak on Global FDI*, March 2020.

的晴雨表，全球 100 大跨国企业已有超过三分之二的业务受到冲击，超过 40% 的企业发布利润预警。根据对营业收入最高的 5000 家企业进行调研，这些跨国公司的预期收益下调，尤其是在能源、基础材料和消费周期性行业，其中汽车业、旅游业受到的冲击最大（见表 2-2）。

表 2-2　前 5000 名的收益修正和资本支出

| 部门／行业 | 收益修正的企业数量 | 平均收益修正（％） | 资本支出占比（％） |
|---|---|---|---|
| 基础材料 | 389 | −13 | 8 |
| 周期性消费行业 | 671 | −16 | 16 |
| 航空业 | 45 | −42 | 2 |
| 酒店、餐厅和休闲 | 111 | −21 | 2 |
| 非周期性消费行业 | 351 | −4 | 6 |
| 能源 | 243 | −13 | 20 |
| 医疗保健 | 195 | 0 | 3 |
| 工业 | 739 | −9 | 14 |
| 汽车及汽车配件 | 142 | −44 | 9 |
| 科技 | 358 | −3 | 11 |
| 电信服务 | 105 | 1 | 11 |
| 公共事业 | 175 | −5 | 10 |
| 总计 | 3226 | −9 | 100 |

注：2020 年 3 月 26 日，5000 家跨国公司收益预期平均下调 30%，其中能源和基础材料行业在叠加油价下跌冲击效应下，能源价格下跌 208%，航空公司收益平均下调 116%，汽车行业收益平均下调 47%。
数据来源：联合国贸易和发展会议《世界投资报告 2020》。

较低利润预期将减少收益再投资，进而影响全球 FDI 流量，根据联合国贸易和发展会议的测算，平均 9% 的收益损失可能影响到 52% 的 FDI 流量。跨国公司开始评估新冠疫情的影响，考虑投资再布局以分散风险，以期最小化疫情蔓延对其业绩的影响，并可能减缓在受疫情影响地区的资本支出，这将短期内影响全球 FDI 流量的方向和结构。

### 二、新冠疫情危机与其他危机对全球 FDI 影响的比较

以往危机的历史经验表明，FDI 在后危机时代的加速复苏可能需要一些时间。如果危机之初 FDI 下降有限，其复苏是迅速的，但如果下滑严重，其衰退则更为持久，远远超过 GDP 恢复到危机前水平的时间。上一次全球性 FDI 危机是 2008 年全球金融危机，不仅对 FDI 造成短期冲击，还引起 FDI 长期趋势的转变，此后十年，FDI 增速明显低于危机前水平。许多与金融、债务或货币相关的、区域性与全球性危机，都影响到 FDI 和跨国公司经营。全球金融危机和新冠疫情危机对 FDI 的影响既有相似之处，也有不同之处（见表 2-3）。

表 2-3　危机后全球 FDI 的共同特征

| | |
|---|---|
| 1 | 与贸易和 GDP 相比，FDI 流动对危机的反应更强烈，需要更多时间和更多（政策）努力才能复苏。 |
| 2 | FDI 流动比其他国际资金和发展中国家的外部资金来源（如证券投资流动或银行贷款）更稳定、更具弹性。 |
| 3 | 与国内交易活动相比，国际交易活动（包括项目融资和并购）的跌幅更大，复苏所需时间更长。 |
| 4 | 绿地投资和国际项目融资对发展生产力很重要，但复苏所需时间比 FDI 的金融和交易组成部分更长。 |
| 5 | 低收入发展中国家的投资复苏可能需要相对较长的时间，这是因为它们更加依赖绿地项目，而且危机后投资者的避险行为更加强烈。 |
| 6 | 危机期间的并购包括投机收购，但也包括企业重组所必需的交易。 |
| 7 | 与规模较小的国内企业相比，跨国公司（MNEs）及其外国子公司能够适应危机并相对快速地复苏。 |

（续表）

| 8 | MNEs 在东道国的存在有助于其更快地从危机中复苏，这取决于它们与国内供应商的联系。 |
|---|---|
| 9 | 大多数危机后政策干预都旨在促进或激励 FDI（而非限制），以支持经济复苏。 |
| 10 | FDI 下滑可能预示着行业模式和投资类型的转变。 |

资料来源：联合国贸易和发展会议官网。

## （一）总体比较

全球金融危机和新冠疫情危机对全球 FDI 流量均有重大影响。如两次危机均造成全球 FDI 急剧下滑，降幅超过三分之一。同时，尽管新冠疫情对发达国家和发展中国家 FDI 流量都有显著的影响，但在全球金融危机期间，由于发达国家金融和并购项目规模更大，其 FDI 下降更为严重（见图 2-2）。

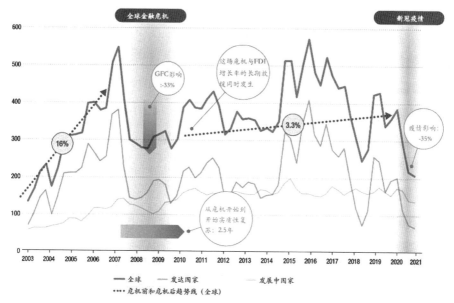

图 2-2 危机期间的 FDI 流入长期季度趋势（十亿美元）

注：全球金融危机的起点和终点分别与美联储和欧洲中央银行的首次流动性干预，以及美国政府对经济衰退结束的官方通告相一致。横轴刻度标为每年的第一季度（Q1）。

数据来源：联合国贸易和发展会议《世界投资报告 2021》。

尽管两次危机对 FDI 影响有相似之处，但也有几个关键区别。一是两次危机前 FDI 的增长趋势不同，在全球金融危机之前全球 FDI 流量呈现上升趋势，但是在新冠疫情之前这个趋势则较为平缓，可能导致无法根据 FDI 在全球金融危机之后开始复苏的时间（约 2.5 年）预测当前背景下全球 FDI 开始复苏的时间。二是两次危机性质不同，FDI 对金融市场波动和宏观环境变动反应不同，大多数经济体中，FDI 通常是一个相对稳定的外部资金来源，其对金融市场、利率和汇率波动的反应平缓，与证券投资流动和贷款相比尤为如此，而且有些滞后。FDI 流动低谷出现在全球金融危机开始 18 个月之后，而新冠疫情危机情况下，FDI 一开始就受封锁措施、场所关闭和旅行限制等因素影响。

### （二）投资模式比较

#### 1. 跨境并购

作为发达经济体 FDI 流动的重要组成部分，跨境并购对金融市场危机反应往往十分迅速，跨境并购数量与价值总额在全球金融危机期间急剧下降，跨境并购比国内并购下降更多，且复苏相对缓慢。与之不同，跨境并购数量在新冠疫情危机之后大幅减少，其复苏却相对迅速，这与全球金融危机情况有所不同，后者由于对金融市场的影响更大，跨境并购衰退也更为持久。

#### 2. 绿地投资

绿地项目直接影响实物资本存量和生产能力，比其他形式的投资影响更大。在全球金融危机期间，制造业的绿地投资项目显著下滑，但并没有明显偏离危机前的趋势（见图 2-3）。但新冠疫情危机导致的制造业绿地投资项目在下降幅度（−37%）和即时性上都很惊人，且发达国家和发展中国家最初的下降与全球金融危机时期是相似的（与危机对 FDI 总量的非对称影响形成对比）。

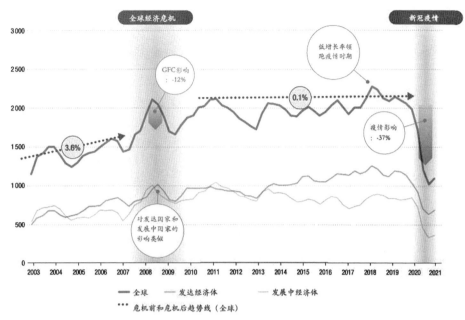

**图 2-3　制造业绿地项目公告、长期季度趋势（项目数量）**

注：横轴刻度标为每年的第一季度（Q1）。

数据来源：联合国贸易和发展会议《世界投资报告 2021》。

### 3. 国际项目融资

在金融危机期间，国际项目融资交易数量急剧下降。从危机开始到实质性复苏开始的时间间隔与广义的 FDI 流动类似（略短）（见图 2-4），这证实了国际项目融资行为结合了绿地投资和跨境并购两者的特点。与其对 FDI 流量和绿地项目的影响不同，全球金融危机并没有导致国际项目融资增长率的长期下降。不过，全球金融危机之后大部分增长集中在发达国家，而发展中国家项目数量却停滞不前。

虽然新冠疫情之初国际项目融资交易量出现显著下降，但相比全球金融危机，其下降幅度小、持续时间短，2020 年下半年交易量已恢复增长且没有明显偏离趋势。其中，发展中国家交易量的增长趋势已从停滞转变为负增长。与新冠疫情相比，全球金融危机对国际项目融资的影响更为深刻，这可

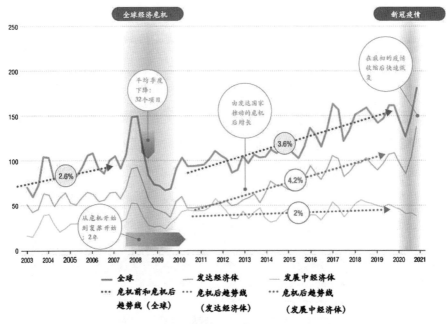

图 2-4　国际项目融资交易长期趋势（项目数量）

注：横轴刻度标为每年的第一季度（Q1）。

数据来源：联合国贸易和发展会议《世界投资报告 2021》。

以通过此类投资与金融市场的关联性加以解释，在全球金融危机中，金融市场受抑制的时间更长。相比之下，发达国家为应对新冠疫情而采取的财政和货币政策提振了金融市场，并转化为更高的国际项目融资流量。

### （三）投资政策比较

世界各国在危机期间为稳定经济采取大规模政府干预，是直接或间接影响投资格局的一个重要因素。宏观经济干预影响了投资的基本要素，例如贸易管制、生产许可和财政支持等投资相关的政策影响了投资环境。特定投资政策直接关系到外国企业的进入和经营，这些政策主要包括投资促进和便利化措施以及对战略行业或敏感行业投机性收购的限制和保护措施。对比以往的危机和新冠疫情危机，可以发现投资政策应对存在很多直接或间接重合之处，也有一些关键的区别（见表 2-4）。

表 2-4　对投资有影响的危机应对政策——基于比较的视角

| | 过去的危机 | 新冠疫情危机 |
|---|---|---|
| 宏观政策 | | |
| 货币政策 | 利率调整、金融体系改革和强化（亚洲金融危机和其他国家/地区危机） | 货币宽松，低利率；资产购买计划 |
| | 货币宽松、金融市场稳定（全球金融危机） | 长期再融资窗口 |
| 资本和外汇 | 外汇和资本管制以稳定货币 | 货币互换、流动性计划；一些发展中经济体的货币管制 |
| 财政政策 | 扩张型财政政策（亚洲金融危机），财政刺激，包括向私营部门的转移、股权注入和债券购买（全球金融危机） | 财政刺激，包括额外支出、免税或延期；流动性和收入支持；贷款担保 |
| 投资政策 | | |
| 贸易 | 临时性境内措施，主要是保护国内产业的非关税措施；区域和区域间贸易便利化协定机制的运用 | 卫生等战略部门的出口禁令和进口便利化；出于卫生原因关闭边境 |
| 国家支持 | 国家援助和救助，特别是对"大到不能倒"的活动；减值金融资产和银行存款的政府担保；针对受危机重创企业的临时减税 | 政府对减值金融资产和银行存款的担保；为受危机影响的公司临时减税；增加对基础设施的公共投资 |
| 国家投资（国有化） | 暂时注入资本或收购资产，银行业和特定高就业制造业的国有化 | 在受危机影响的活动中临时收购公司的股权降低国有化频率 |
| 强制生产 | | 强制卫生相关生产措施 |
| 竞争政策 | 打击抛售和加强竞争的措施（主要是亚洲金融危机） | 保护关键部门和基本安全利益免受非预期收购的措施 |
| 知识产权措施 | 应对研发活动和新专利放缓的措施 | 非自愿许可的一般授权以加快研发；特定于知识产权持有人的非自愿许可，以实现药品进口 |

（续表）

| | 过去的危机 | 新冠疫情危机 |
|---|---|---|
| 自由化 | 放宽所有权规则、准入模式和运营融资以吸引更多 FDI 并加速复苏，在某些情况下与结构调整计划有关（亚洲金融危机）；<br>一些国家会增加限制措施（例如全球金融危机中的阿根廷与巴西） | 自由化努力，主要限于发展中国家，达到历史最低点 |
| 便利化 | 放宽准入条件和程序以加速复苏，特别是在出口导向型行业 | 重点减轻企业的行政负担和官僚主义障碍，通过与新冠疫情相关的措施提供指导，加速促进服务数字化 |
| 推广和投资后服务 | 鼓励对非金融活动的投资，加强对出口导向型产业和特定价值链的关注 | 危机期间的行政和经营支持；加速服务和远程服务的数字化，更多投资后服务 |
| 奖励 | 针对全球价值链，尤其是汽车和电子行业，为非金融活动提供财政激励，同时满足绩效要求 | 通过促进税收和更多福利财政和/或财政激励措施为外国附属公司及其国内供应商提供税收支持，以生产与新冠疫情相关的医疗设备生产线改造的激励措施；部门重点关注健康和技术 |
| 法规和绩效要求 | 禁止金融化并鼓励高附加值和出口导向型活动的法规 | 鉴于对健康、弹性和可持续发挥的考虑，一些发展中国家的地方政策内容增加 |
| 限制 | 禁止抛售式 FDI（亚洲金融危机）、限制金融业 FDI（全球金融危机） | 发达国家和转型中经济体引进或加强 FDI 审查机制达到了历史高点，这与国家对敏感资产的安全考虑有关，而新冠疫情又加剧了这种考虑 |

资料来源：联合国贸易和发展会议官网。

　　在所有危机中，投资政策的一个共同特征是立即对国内产业实行某种程度的保护。在全球金融危机之后，在倡导保持开放以确保国际贸易和投资能够推动经济复苏方面，二十国集团（G20）发挥了重要作用。相比之下，新冠疫情发生时，全球贸易和投资政策已经更多地转向保护主义，而且随着全球贸易和投资显露出新的脆弱性，各国对开放更加谨慎。对于特定的战略性产业，例如创新驱动型产业和与医疗保健相关的产业，新冠疫情导致新的贸易壁垒出现。与此同时，新冠疫情的应对措施还包括许多投资便利化机制，如简化投资审批程序、转向线上工具和电子平台以加快投资的行政程序等。

过往危机的证据表明，第一，FDI 往往比其他资金流动更具稳定性和弹性，但是因为危机的强度加大，FDI 流量在一定时间内可能不会回到危机前的水平；第二，FDI 在发展中经济体与发达经济体之间的反应不同；第三，跨国公司对冲击的调整相对较快，在以往危机中，国际生产指标受到的影响比 FDI 流量要小。

### 三、新冠疫情危机对国际生产的影响

#### （一）强化全球供应链韧性

新冠疫情危机下，供应链韧性已经成为政策制定者和企业的首要任务，但两者对韧性存在不同看法。政策制定者优先考虑经济和社会韧性，将韧性等同于降低国际相互依赖性；企业则依赖国际生产网络的韧性，以获取效益和竞争力。从方法上看，跨国公司可以通过网络重组（包括投资和撤资决策）、供应链管理方案以及可持续性措施来增强供应链韧性。

#### 1. 企业视角下的韧性

跨国公司建立国际生产网络旨在实现经济效益最大化，这造就了现代全球供应链的特点，即长而复杂且在地理上分散的生产地点和供应商网络。全球经贸摩擦的频发，跨国公司已担忧国际生产体系的脆弱性，新冠疫情危机对供应链新的冲击，再度引发跨国公司的担忧。

供应链韧性现在是各国政府和跨国公司的首要战略目标。新冠疫情最先

暴露医疗设备和药品国际供应链的缺陷，不仅是市场需求峰值和贸易管制政策的外部冲击造成，也体现医疗保健供应链固有的脆弱性。新冠疫情暴发之后，个人防护设备在全球范围内长期短缺，最初无法及时有效地应对需求冲击，一方面是因为其供应链在国际间分散并垂直集中，另一方面是供应链优先考虑高效生产和低库存的"及时性"（just-in-time）商业模式。

新冠疫情暴露几乎所有制造业部门的供应链问题，暴露全球价值链在全球范围内传播风险的可能，一国的封锁措施通过关键投入的供应短缺影响到另一国的生产，而跨境运输管制又进一步加剧全球生产网络的中间产品交易的短缺。根据联合国贸易和发展会议调查，为应对危机，40%—70% 的经营者表示已计划采取相应的措施，包括追加投资、改变供应链结构、巩固母国业务，以提高抵御风险的能力，只有少数经营者认为迁移生产地是一项现实的选择。

**2. 跨国公司韧性战略**

根据联合国贸易和发展会议调研，跨国公司通过构建三大支柱战略来提高供应链韧性：生产网络重组、风险管理方案以及可持续性增强措施（见图 2-5）。跨国公司弹性战略是一个互相协调的一揽子计划，三大支柱及其组成部分之间有着相互作用。

第一，生产网络重组。涉及生产的选址决策，进而涉及投资和撤资决策，这意味着在两个方向上重新设计全球供应链：回流和近岸外包，以及多元化。两者都对国际生产和 FDI 有着重大影响：回流与撤资有关，对未来的 FDI 流动和现有的 FDI 存量都有负面影响；多元化会改变 FDI 的性质，使其从效率导向型转向市场导向型。回流被母国视为显著降低系统性风险的方式，但对东道国尤其是发展中经济体来说，回流意味着效率导向型 FDI 的撤资和未来再投资机会的减少，而多元化意味着更多吸引 FDI 的机会。

第二，风险管理方案。企业可以选择增强其生产网络抵御冲击的能力，而非将其重组。为此，企业可以采取各种供应链风险管理方案，其中，企业倾向于最先依赖的工具为：可预见性和透明度、灵活性、充足的储备库以及市场资讯。因为不需要大规模实物资产的结构性迁移，这些措施比生产网络重组更容易实行，其对 FDI 的影响并没有生产网络重组那么大，仅限于供应链数字化对附加值分配、资产轻量化和外包决策等方面的间接影响。然而，风险管理方案不能很好地解决地缘政治竞争和系统性竞争带来的挑战。

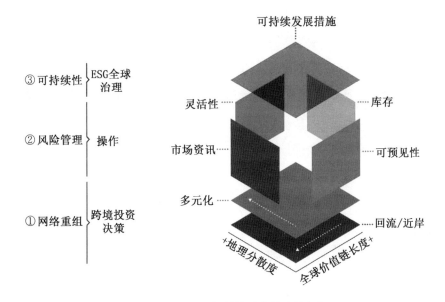

图 2-5　跨国公司韧性策略的综合性框架

资料来源：联合国贸易和发展会议《世界投资报告 2021》。

第三，可持续性。供应链韧性与可持续性相辅相成，一方面企业需要加强韧性措施以解决可持续性问题导致的系统性风险，另一方面可持续性，企业活动是通过减轻环境、社会与治理（ESG）风险来提高供应链韧性的重要杠杆。可持续性活动对 FDI 可能有着显著的影响，在不同层面影响着国际生产：从引入环境标准和法规，到引导产品和生产流程向市场驱动型转变，再到改变全球供应链设计使其朝着更加本地化和可持续的布局发展，或是将投资转投到可持续发展目标行业。

### （二）重组全球生产网络

网络重组的成本很高，对大多数拥有复杂全球供应链的企业来说，这不是一个短期或中期的解决方案。长期来看，弹性在选址决策中将会变得更加重要，可能会导致国际生产网络的逐步再平衡；短期来看，只有在政治压力或具体政策干预下，回流、迁移和多元化才有可能加速。

#### 1. 供应链风险与网络重组

过去几十年全球供应链的大规模扩张使跨国公司面临的脆弱性不断增加，这主要与三个因素有关：地理覆盖范围增加了"互不相联"的风险来源、相互依赖性通过传播和连锁反应加强了系统性影响、中心化提高了风险值。

生产网络重组可以限制一个或多个系统性风险发生。回流缩短了生产过程，促使供应链从国际专业化向更加本地化和简短化转变。因此，从较长的供应链过渡到较短的供应链，减少了全球供应链中三个脆弱性来源的两个：地理覆盖范围和相互依赖性。然而，回流和近岸外包意味着风险在国内和区域内的集中，这降低了生产受到系统性冲击的可能性，却提高了不利事件发生时的风险值，同时降低了一些利用多元化和市场接近度的风险管理措施如灵活性和市场资讯的有效性。

多元化意味着生产过程从中心化向本地化和地理分散化的转变，使其更接近最终市场。地理分散化降低了与中心化和相互依赖性有关的风险，提高了灵活性，还能够通过市场接近度更好地获取市场资讯。

总而言之，从纯粹的风险管理角度来看，多元化要优于生产回流。后者通过简化和降低风险来提高韧性，而前者通过增加可选项来提高韧性。多元化的生产网络更加灵活，能够更好地应对意外冲击，但同时也需要追加投资和协调控制以适应更高的灵活性。

#### 2. 各行业网络重组的成本与效益

更加关注韧性不会改变企业作出战略选择的方式，选址决策仍基于经济成本和风险效益的平衡考虑，不同时期会对应不同的权重，危机后跨国公司将降低成本效率以提高弹性收益。

全球价值链密集型行业不仅最容易受到供应链风险的影响，还面临着阻碍生产网络重组的最高经济壁垒。这些行业都具有低成本或高效率的网络布局特征，其典型投资项目的资本和劳动力密集度也反映了这一点（见表2-5）。资本密集型产业更容易受到回流压力的影响，以放弃国际套利机会的效率为代价来保持其规模经济。劳动力密集型产业则倾向于选择多元化，虽然会影响其规模经济，但是得到获取更高区位成本优势的机会。

表2-5　2015—2019年各行业相关商业指标（部分行业）

| 风险水平 | 行　业 | 已披露的跨境绿地投资总价值份额（％） | 资本密集度平均投资规模（百万美元） | 劳动强度每百万美元投资的平均就业人数（数量） |
|---|---|---|---|---|
| 高风险 | 汽车 | 8 | 58 | 4.6 |
| | 电子产业 | 6 | 45 | 4.3 |
| | 机械设备 | 2 | 15 | 5.5 |
| | 纺织品和服装 | 3 | 16 | 6.7 |
| 中风险 | 商业服务 | 9 | 19 | 3.8 |
| | 化学制品 | 13 | 116 | 1.1 |
| | 金融服务 | 3 | 25 | 2.6 |
| | 食品和饮料 | 3 | 43 | 3.6 |
| | 制药 | 2 | 36 | 2.4 |
| 低风险 | 农业相关行业 | 0 | 40 | 5.0 |
| | 采掘业 | 4 | 391 | 0.7 |
| | 运输和物流 | 5 | 57 | 1.9 |

资料来源：联合国贸易和发展会议《世界投资报告2021》。

然而，即使企业有能力应对可变成本的冲击，对固定成本的影响以及沉没成本的损失，成为阻碍网络重组作为一项短期或长期解决方案的关键要素。固定（有形）资产的实物迁移，产生了与生产能力损失有关的沉没成本，以及与建立新的设施有关的融资成本，特别是用于资本密集型活动的设施。总而言之，通过网络重组提高弹性的措施，使全球价值链密集型行业的跨国公司面临着沉重的成本压力，甚至可能无法实行。在此情况下，一些面临着不那么极端的成本—效益平衡的行业更有可能实行某种重组。

总体来看，虽然有一些例外，但一般情况下，如果没有政策压力或激励措施，大多数行业不太可能开展系统性和广泛性的网络重组，最常见的做法之一是增加库存。特别是在那些积极推行及时性商业模式的行业，例如汽车行业就亟须增加安全储备。基于商业考量的成本—效益分析表明，跨国公司为应对新冠疫情采取的国际生产网络重组过程十分复杂。短期来看，只有在政策压力或具体政策干预，以及激励措施或补贴改变了经济利益的情况下，供应链重组——回流、迁移、多元化——才有可能成为现实。财政支持可以补贴资本投资，以完全或部分弥补与固定资产迁移有关的沉没成本。任何此类干预都将优先考虑医疗保健行业和战略行业的必需品供应链。在缺乏政策驱动的情况下，多数跨国公司可能会关注不涉及生产网络重组的供应链风险管理实践，建设更具韧性的全球供应链不会体现为短期的紧急重组，而是长期的逐步再平衡，韧性将成为新的国际投资选址决策的一个更为重要的因素。再平衡的业务实例比重组的业务实例更加可靠，新的投资不受沉没成本的影响，而且可变成本的潜在损失仅限于增量投资。因此，提高供应链韧性的举措不会导致"急于回流"，但是有可能"延缓发展"，因为新的国际投资网络不再和以往一样为了获得低成本生产要素而寻址。

### 四、2020 年新冠疫情流行期间上海稳外资的经验和展望

2020 年春国内新冠疫情得到有效控制后，中国经济开始走上复工复产的进程。基础产业的防疫保障作用、区位优势对供应链率先恢复的推动作用，以及跨国公司地区总部市场本地化投资的催化作用，使得上海率先在全

国实现了复工复产。

## （一）从外资复工复产进程再认识上海外资发展的优势

### 1. 从防护物资供给看主体集聚优势

作为国际贸易中心的枢纽主体，上海外资企业数量达到 6 万家，跨国公司总部数量在亚洲城市处于前列。截至 2020 年 4 月 9 日，累计引进跨国公司地区总部 730 家，研发中心 466 家，是中国内地跨国公司地区总部最多的城市。越来越多的地区总部成为集管理决策、采购销售、研发、资金运作、共享服务等多种职能于一体的"综合性总部"，具有全球资源调拨能力。防疫期间，这些跨国公司积极利用全球的采购渠道作用，从全球采购急需的药品、医疗器械和检测设备，不仅用于自身防疫需求，而且及时驰援全国疫情防控。如，默克公司、杜邦公司、3M、霍尼韦尔等跨国公司通过全球的生产和进口网络向疫情严重地区捐赠最急需的防护服、KN95 口罩等。复工期间，跨国公司地区总部企业再次发挥全球采购网络作用，在航空客运停滞的情况下，通过点对点国际包机将在全球各地采购口罩等物资运到上海，为供应链恢复运转提供必需的防疫物资保障，并且通过管理网络分配给全国的分支机构、供应商、客户，支持了全国复工复产的需要。上海主体集聚优势，使得突发事件冲击下，经济社会稳定运行得以保障，也为新的外资进入提振了信心、发挥了标杆作用。

### 2. 从行业复工进展看产业引资优势

根据全国商务系统调研数据，截至 2020 年 3 月 12 日，除湖北外，全国六成制造业重点外资企业复产率达 70% 以上，四成多的服务业重点外资企业复产率达 70% 以上。同期，上海制造业外资平均复产率已达 70% 以上，服务业达 65% 以上。复产率不仅表现为制造业和服务业的差异，而且服务业内部分化也相对明显，金融业、科技研发、信息服务等便于线上办公的行业，产能恢复程度明显好于线下餐饮、零售等聚集性行业，且略优于制造业平均复产情况。行业复工的差异，尤其是服务业内部分化的作用，体现了数字化技术应用的重要价值。远程诊断、远程设备操控、远程设备扫描等数字技术的应用不仅发挥了控制疫情作用，而且起到疫情对生产和生活冲击的修补作用。在复工复产过程中，数字化的发展使得生产制造业更加具有韧性，制造业不再完全依赖密集的操作工人。疫情所释放的数字化战略意义，已经在国家新基建中体现。但是数字经济的发展，与制造业和服务业基础产业发展是不能脱离的，无论是特斯拉、上汽大众新能源汽车（MEB）工厂在疫情期间的创新，还是数字医疗的突出表现，都是基于传统的制造业支撑，都与上海拥有完整的制造基础有关。因此，完整的产业链、基础的制造体系不仅是数字化的基础，也是吸引全球 FDI 来上海"补链、延链、强链"的基础。

### 3. 从供应链修复进程看区位优势

2020 年 2 月 10 日以后，上海的企业积极推动复工复产，供应链修复的区域逐渐从本地、长三角区域慢慢扩散至全国、全球。供应链修复的区域差异，体现了区位在突发事件中的优势和价值。一方面，综合性的口岸优势有助于及时实现供应链进口。湖北、武汉是我国重要的汽车零部件、电子元器件供应链基地，湖北封城后，人员流动限制叠加了交通运输的中断，造成汽车、电子等行业供应链的停滞，进口成为缺失供应链的替代选择。在企业供应链库存管理中，海上船舶运输原料、部件是库存的一种方式，也成为国内中断供应的重要补充来源。上海拥有的海港、空港和铁路港综合口岸优势，三类国际运输方式互为补充，疫情突发情况下能够满足企业的时间以及成本要求。尤其是洋山港四期自动化码头集装箱装卸工艺无人化、智能化优势凸显，既避免了工人、码头内集装箱卡车短期不足等问题，也减少了作业人员交叉感染的风险，高效完成复工复产时期的各项装卸作业任务。另一方面，内联外接的基础设施保障了长三角和全国其他地区的复工复产。上海是长三角地区乃至全国的交通集疏运枢纽，可以通过陆路、铁路和水路将物资分拨到腹地。疫情初期，货物公路运输受到严重影响，日均进港集装箱卡车大幅下降。陆运受阻，水运来补。洋山港区发挥"水水转运"和铁路运输优势，通过"陆改水、陆改铁"等方式，帮助货主送箱上门，保障货物的顺畅流通。2月，洋山港的"水水中转"比率由50%提升至70%。区位优势是FDI战略考量的重要因素，但是随着产业的服务化和贸易的服务化发展，区位的重要性逐渐降低，但是此次疫情再次证明，区位优势在外资选址和经营中的不可取代性。

**4. 从外资战略变化看超大规模市场优势**

国内疫情初期，根据上海美国商会、日本贸易促进机构等调研，部分外资企业意欲将受疫情影响的供应链转移出去。但是国际疫情的流行，给了外资重新审视全球投资的视角。2020年3月25日中国美国商会调查显示，40%的企业将按照原计划加大对华投资，比2月提高17个百分点。一方面，国内疫情期间，部分企业选择将供应链转移出中国，但是随着全球疫情流行，转移出中国不能代表着更加安全，而且转移供应链成本是昂贵的。上海在解决外资企业复工复产困难中的服务诚意，也使得一批有战略眼光的跨国公司没有止步，反而加快投资布局步伐，通过更加大幅度的本地化来规避供应链外部风险。另一方面，市场导向型投资更加倾向接近目的地市场。境外消费是服务贸易的重要方式，上海和我国大量的服务贸易逆差来自境外旅游和消费。由于疫情防控带来的人员流动管制，在日本、韩国、欧洲等中国入境消费的主要目的地，服装、化妆品、日用消费品等销售受到影响。跨国品牌商重新考虑本地市场的重要性，包括Costco、伊藤忠等国际连锁巨头拟通过本地化投资加大为本地消费人群的服务；欧莱雅、宜家则通过加快在线业务进一步渗透本地消费市场。供应链本地化是规避供应链风险的重要方式也是服务本地市场的最优方式，中美经贸摩擦使得跨国公司更加关注供应链的安全和中国国内市场的重要性，疫情更加凸显该战略考量，跨国公司供应链布局"在中国、为中国"、"在上海、为全球"的导向将进一步凸显。2020年第一季度，上海实到外资46.69亿美元，比上年同期增长4.5%，新增外资跨国公司地区总部 10 家、外资研发中心 5 家，表明外资企业继续看好上海发展前景。

### （二）新冠疫情流行背景下上海外资发展面临的问题和瓶颈

上海已经完成 720 家地区总部调研，联系的企业占全市外资企业总数的近 7 成。共收到企业提出的 553 个问题，已解决 546 个，整体问题解决率超过 98%，影响上海外资复工复产的防疫物资、人员隔离、供应链运行等问题基本解决，但是在外资复工复产推进过程中体现的问题主要是上海外资发展的常态化问题和瓶颈。

#### 1. 制造业发展要素相对供给不足

供应链本地化和生产本地化需要基于一定的要素资源，但是随着成本上升、环保保护等综合因素，制造业外资发展的要素总供给相对不足。一方面，土地要素供给总量受限。工业用地指标有限、工业项目用地审批流程长等影响新设项目以及增资扩产项目落地。另一方面，人力要素成本持续上涨。因劳动力供求变化、社保压力等导致企业用工成本快速上升。此外，人才资源也存在结构性短缺。受生活居住成本增加以及城市人口控制等约束，制造业面临高级技术工人短缺，国际专业技术引进力度不够，人工智能、大数据等新兴产业人才也供给不足。

#### 2. 服务业亟须进一步开放

由于服务作为中间投入要素，在全球价值链中主要发挥两个作用，一是推动制造业价值链的形成，诸如运输、电信、物流、分拨、销售和研发等服务已经成为制造业价值链不可或缺的要素投入；二是创造服务业价值链，形成服务出口和增值[1]。但是受到服务业开放领域有限，整体的服务要素累积水平和质量还有待提高。第一，高水平开放力度仍需加大，投资准入管制有待进一步放宽，尤其是金融、电信、医疗、教育、文化、专业等服务业核心

---

[1] 张娟：《中国出口增加值的服务要素贡献率提高了吗？》，《世界经济研究》2019 年第 4 期。

领域开放仍有限，限制上海外资规模进一步提升。第二，已开放领域在实质性落地中仍面临诸多限制，负面清单以外领域一些行政法规、部门规章仍存在股比、投资方资质等限制。第三，服务业开放范围有限。服务业开放的多数领域仅停留在特定区域、少数企业试点阶段，开放的规模化效应还需加速实现。并且，服务业开放模式较单一。上海服务业开放模式主要是商业存在，跨境交付、自然人流动模式较少，即使在自贸试验区内境内外人员资质互认渠道也未打通，对吸引外资服务业和创新企业总部带来制约。

**3. 要素跨境流动有待优化**

疫情发生以来，供应链的国内运行基本顺畅，但是跨境供应链运行难度较大，尤其是国际疫情使得全球港口封港、停工，企业货物在港口滞留，进一步凸显上海跨境要素流动的问题。一是资金跨境流动不够便利。与国际惯例相比，我国跨境资金配置的便利度与跨国公司的需求相比仍有一定差距，尤其是自由贸易账户仍存在较多限制，沉淀在账户、资金池内的资金投资功能缺失；离岸贸易外汇收付汇困难，在岸账户和离岸账户之间资金往来有严格限制；外籍员工工资薪金对外支付不便，合规成本较高等。货物和相关服务跨境流动不够便利。二是海关通关便利化程度仍有待提高，尤其是国际转口贸易、中转集拼、研发试验用物质等的通关便利度有待提升。对附属于有形货物的服务仍沿用货物监管方式，归类、征税、查验手续较为复杂，难以满足制造业服务化发展需求。数据跨境流动受限。数据流动安全风险监管框架有待完善，虚拟专用网络（VPN）使用受限，对跨国公司增强全球数据资源配置能力、全球业务联络造成一定制约，影响总部经济和数字贸易发展潜力提升。

**4. 国际营商环境有待完善**

疫情期间，企业积极开展自救，但是现行规定对企业自救行为响应度和及时性不够，凸显上海吸引外资的营商环境短板。一是新业务推进难度大。例如“一证多址”需统一只有部分区域实现，绝大多数连锁企业不同门店仍需单独申请食品、酒类等经营许可证，在突发情况下，现行政策对企业自救行为响应度和及时性不够。二是知识产权保护有待加速。服务要素引进之后，需要关注的是如何实现国外要素的本土化贡献，即把国外服务要素流入为中国产业发展所用。上海吸引了大量的跨国公司研发中心的集聚，但是在跨国公司研发体系中的分工地位不高，除了与中国相应的人才知识和技术积累有关外，还与中国知识产权保护现状和研发成果转化的环境有着极高的相关性，外资企业仍面临维权周期长、维权成本高、维权举证难等问题。

### （三）后危机时代上海吸引外资的思路

新冠疫情发生以来，国际组织预测，短期全球 FDI 将会进入下行通道，但是长期对全球 FDI 的影响是结构性的，投资导向、投资方式、行业结构、区域结构都将面临长期调整。国内新冠疫情得到有效控制后，中国经济开始走上复工复产的进程，基础产业的防疫保障作用、区位优势对供应链率先恢复的推动作用以及跨国公司地区总部市场本地化投资的催化作用，不仅是上海外资复工复产的支撑优势，而且是上海外资发展的优势。但是制造业要素供给不足、服务业开放度不够、要素跨境流动不畅和营商环境的进一步优化仍是上海外资发展所需解决的问题，需要着力在投资管理制度、总部经济能力、产业开放载体、国际合作交流空间和营商环境等方面进一步突破。

#### 1. 发挥上海自贸试验区建设优势，深化投资管理制度改革

我国开放型经济体制主要包括创新外商投资管理体制、建立促进走出去战略的新体制、构建外贸可持续发展新机制等。上海自贸试验区重点探索的外商投资管理制度、境外投资管理制度、贸易便利化制度和事中事后监管制度等制度创新都取得积极成果，并正在探索在更大范围内的复制和推广。上海外资高质量发展，应立足于国家层面的设计要求，推进自贸试验区外商投资负面清单管理模式改革，尤其是要适应新技术推动的新产业发展需求，以新片区建设为契机，一方面推动贸易投资自由化，以适应集成电路、人工智

能、生物医药、航空航天等新兴产业发展所需的准入机制，新型国际贸易发展所需要的货物、外汇、自然人和数据跨境流动监管机制等；另一方面构建全面风险的管理体系，加大开放型经济的风险压力测试，从重点领域监管、信用分级管理和边界安全等不同维度实施。

### 2. 发挥"五个中心"核心承载区优势，发展由主体集聚和功能实现的总部经济

40多年来，上海总部经济发展已经形成健全的基础设施、强劲的资本储备和强有力的政策支持。服务型、数字型跨国公司总部开始崭露头角，跨国公司地区总部业务和职能的多元化已成趋势。新时期，上海要充分发挥"五个中心"主体资源集聚优势，一是从贸易、航运、金融、科创功能层面进行分类施策，紧抓主体特征，制定标准，推动存量企业功能升级，发展成为跨国公司地区总部。二是从点上政策突破到从面上统筹施策，对外汇、人才、贸易便利化、数据跨境流动进行系统安排，打通跨国公司地区总部业务和功能多元化发展诉求。三是对总部政策进行创新，形成重潜力、重经营、轻资本要求，推动上海成为创新型企业的成长跃升平台，推动外资创新型企业成为总部经济的重要增量。四是加大金融市场对外开放，为关键供应链提供资本保障。当前新冠疫情全球流行，全球资本市场走弱，外资企业母公司经营业绩下调。建议进一步推动金融市场开放政策落地，提升上海资产管理和金融风险管理功能，为关键供应链提供资本保障。

### 3. 发挥外资集聚区载体建设优势，打造制造服务和数字融合互动的产业格局

上海对外开放以来，形成陆家嘴、张江、外高桥保税区、临港、金桥、虹桥等特殊经济载体，以及静安、长宁、徐汇、闵行、嘉定等外资重点区域。这些地区产业外资高度集聚、产业链较为完整。随着开放的深入，产业转型、制造业离散和综合要素成本上升等因素使得上海制造业外资高速增长的阶段结束，但是服务和数字领域外商直接投资已成主导趋势，要充分发挥

现有制造业集聚优势，依托张江、临港、金桥、外高桥、虹桥等地加快建立开放型产业体系，鼓励和支持外商投资在重点优势产业和生产性服务业等，大力发展医疗健康、在线消费、工业互联网、"5G+"、智能物流等数字经济重点领域新兴产业，打造在线新经济发展高地，为外资高质量发展注入新动能。新时期，上海要赋予这些开放型经济区域更多的管理权限，能够在复杂多变的全球投资环境下，快速高效相应。要抢抓自贸试验区临港新片区、虹桥商务区、长三角一体化发展示范区建设的机遇，在电信、科研和技术服务、教育、卫生等重点领域进一步加大对外开放力度，加快推动外商投资人体干细胞与基因诊疗、影视后期制作、形成数据跨境流动体系等开放措施先行先试。

### 4. 加快服务长三角一体化和"一带一路"，拓展外资发展的空间支撑

40 多年来，上海对外开放主要依赖自身的空间资源，新形势下，上海外资高质量发展需要跨区域的空间合作。一是全力推进长三角区域门户开放枢纽建设，积极主动参与长三角更高质量一体化发展进程，强化资源要素服务功能、高端高新产业引领功能、重大改革任务试验示范功能，推动外资错位分工。疫情发生以来，供应链的国内运行基本顺畅，但是跨境供应链运行难度较大，尤其是国际疫情使得全球港口封港、停工，企业货物在港口滞留。面对全球供应链运行受阻情况，上海要推动国际贸易"单一窗口"和"一网通办"深度融合，提升跨境贸易营商环境水平，推进"通关＋物流＋收费"功能，实现跨境贸易时间和成本的可视化、可追溯。二是发挥"一带一路"桥头堡作用，推动产业园区"走出去"，积极参与我国境外经贸合作区建设，成为承接跨国公司和本土企业开展境外投资、优化供应链的新载体。支持外资企业发挥"上海服务"优势，助力共建"一带一路"。推动资源双向流动的软硬基础设施建设。三是充分发挥和延伸城市合作机制，利用上海国际金融中心、上海科技创新中心等建设营造的合作空间，加大与香港、伦敦、纽约、东京等城市互补合作，创造新的合作通道。

### 5. 加快推动国际营商环境建设推动城市功能提升

新的国际形势下，人才、资源、资金、技术、市场竞争日益激烈，营商环境成为一个国家参与国际经济合作与竞争的重要依托，是经济软实力的重要体现。上海要对标纽约、伦敦等全球城市，营商环境的改善将是推动城市功能转型的突破口。上海要加大贸易投资促进力度，持续优化国际化营商环境，不能满足于仅在准入、登记注册、破产清算等时间长度缩短等方面的进步，而要更多关注制造和服务的数字化融合背景下，形成政府职能机构之间协作、推动市场监管方式的创新、贸易便利化安排的创新等，助推上海进一步扩大开放、促进开放型经济发展。

## 第二节　FDI 数字化与上海吸引用外资的思路

数字经济跨国企业的崛起是当前跨国企业发展的重要现象之一。数字经济的兴起创造了大量的新业态和新型商业模式，对传统产业以及传统商业模式产生深刻的影响。跨国企业全球价值链出现数字化、服务化、去中介化以及定制化新趋势。

全球金融危机爆发 10 多年来，全球 FDI 增长乏力，年均流量始终没有恢复到危机前的水平，长期低迷既有周期性原因，也有政策性因素，更有结构性因素。周期性因素主要是经济危机后全球经济增长缓慢、需求不振。政策性因素主要是经济危机后，特别是近年来全球投资及贸易保护主义加剧以及地缘政治紧张，这些都给全球投资带来极大的不确定性。全球 FDI 持续低迷也有结构性因素在发挥作用，即 FDI 的驱动因素发生趋势性、结构性变化。其中一个重要的因素，就是数字经济的兴起导致跨国企业全球价值链出现新一轮调整，全球 FDI 进入调整期，投资低迷并伴随着大幅波动成为"新常态"。

## 一、数字技术发展与国际生产新趋势

### （一）数字类跨国企业兴起

近年来，借助移动互联网、大数据、人工智能、云计算等数字技术，数字类企业体现出超强的市场拓展能力，数字经济业务呈几何级数增长。2003年阿里巴巴成立淘宝，2006年零售额达到200亿元，2008年突破1000亿元，2016年首次突破3万亿元，与全球最大的传统零售企业沃尔玛不相上下。由于新冠疫情引发的封锁，2020年电子商务在全球急剧增长，电子商务的在线零售从2019年占零售总额的16%增长到19%。其中，中国电商销售占比达24.9%，阿里巴巴商品交易总额（GMV，Gross Merchandise Volume）位居全球第一，销售额高达11450亿美元，是排名第二的亚马逊的近2倍。这些都体现了数字技术在更大范围内组织、动员市场资源，创造大规模协作体系的巨大能量，由此推动了数字类跨国企业发展。

数字类跨国企业的快速增长成为全球跨国企业发展的一个重要动向。在全球FDI持续低迷的情况下，数字类跨国企业的国际投资保持强劲增长。2020年，在联合国贸易和发展会议全球跨国非金融企业100强排名中，数字类科技企业与ICT跨国企业数量为19个。数字类跨国公司的发展推动数字基础设施、平台以及数字化的工具（包括软件等）发展，深刻改变传统经济模式与经济体系。

根据联合国贸易和发展会议（UNCTAD，2018）的分类标准来识别企业的部门属性，即电子商务企业、数字解决方案企业、数字内容企业、数字平台企业以及IT企业。具体来说，第1类是电子商务商（互联网零售、其他电子商务），由专业和非专业在线商店以及在线旅行和预订机构组成，其中还包括专门从事在线营销和广告的机构。第2类是数字解决方案商（例如电子支付、云解决方案）。其核心活动基于互联网技术，或者与互联网技术密切相关。包括：云托管和计算、网络托管和电子邮件服务、电子和在线支付，以及用于商业管理和金融应用的数字解决方案（例如 fintech）。第3 类是数字内容商（数字媒体以及娱乐、信息和数据提供商），包括数字内容的生产者和提供商，如媒体（音乐、视频、电子书和在线杂志、在线课程）和游戏（视频游戏、在线游戏、手机游戏、多人互动游戏），其中还包括"大数据"提供商、营销和客户情报提供商以及经济、商业和信用等信息提供商。第 4 类是互联网平台商（搜索引擎、社交网络、其他平台）。他们是通过互联网和基于云的平台提供数字服务的公司，例如搜索引擎和社交网络。"其他平台"包括共享经济平台，例如交易平台（eBay）和开源平台（Red Hat）。此外，从更宽泛的行业分类看还包括软件和信息技术服务企业以及电信企业，他们为个人和企业能够访问互联网提供了基础设施和工具。[1]

## （二）国际生产数字化

数字技术的兴起创造了大量的新业态、新型商业模式，推动国际生产的数字化、智能化，并对传统产业及传统商业模式产生深刻影响。

### 1. 价值链数字化

数字化不仅通过在线采购、销售等市场影响价值链上下游功能，还影响着跨国公司国际生产与经营过程。生产与运营的数字化正在以多种形式出现，包括：数字化产品与服务，如搜索引擎、社交网站等互联网平台；数字化实体产品，如电子媒体、娱乐、数据等数字内容产品；以及传统生产环节数字化。

### 2. 服务化加速

随着跨国企业生产经营活动进一步数字化，其全球价值链可以被分为更多的环节，并将非核心的环节通过协议生产、协议研发等方式外包出去，导致企业的部分生产活动成为生产性服务的外包。此外，随着信息技术的发

---

[1] 徐美娜、夏温平：《数字跨国公司对外投资的进入与扩张决定：平台型数字企业集聚的分析视角》，《世界经济研究》2021 年第 12 期。

展，越来越多的制造企业的商业模式从出售产品和设备转向出售服务，即按照产品或设备的使用收费。对客户来说，原来对资本品的投资变成购买服务，即营运支出。这样，买方省去了设备的维护和维修过程，卖方加强对知识产权的掌控，并拓展了增值服务。这导致跨国企业价值链服务环节的比重不断提升，海外资本投资强度下降。

### 3. 交易环节减少

在上游，跨国企业电子采购及供应商电子实时监测、管理系统日益普及。在下游，跨国企业也越来越多地利用数字化、信息化、现代 IT 技术及网络平台，直接将产品和服务销售给最终用户，绕过了很多传统的中间环节。跨国公司全球价值链、供应链缩短，更贴近市场，反应速度、灵活性及效率提高。

### 4. 生产定制化

随着跨国公司全球价值链大量利用数字技术以及 3D 打印等新兴制造技术，生产活动更易于复制，更贴近用户，并与用户互动（如在设计或生产环节邀请客户参与）。基于 C2B 的柔性、定制化生产增多，大规模、标准化生产减少。传统经济与数字经济和智能生产加速融合。例如，在制药行业，随着新兴技术的发展，针对性更高的新产品不断涌现，产品周期不断缩短。制药行业传统的大批量生产、高库存的商业模式正在改变，小批量、低库存、更贴近市场的生产不断增加。

## 二、FDI 数字化的特征

跨国公司全球价值链的数字化、智能化对跨国企业商业模式及国际投资路径产生深刻影响，并使得 FDI 呈现新的特征。

### （一）海外投资强度下降

理论上，跨国公司价值链的数字化以及在线市场的广泛使用可能降低跨国企业海外投资强度。一方面，全球价值链不断数字化，将全球价值链更多的非核心环节外包出去，减少对外投资的需要。另一方面，随着在线市场加速发展，数字类跨国公司可以直接在线上销售给消费者，而不用像传统跨国企业那样需要通过市场寻求型 FDI，建立诸如销售网络等海外分支机构。特别是在规模较小的市场中，他们通常仅设立代表处，即可满足业务需要。相比传统跨国公司，数字类企业能以更少的资产和海外员工进军国外市场，海外资产占比下降。

在联合国贸易和发展全球跨国企业 100 强中，数字类科技企业的海外资产与总资产、海外资产份额与海外销售份额的比率都大大低于传统跨国企业（见表 2-6）。其中，数字类跨国公司海外资产份额与海外销售份额的比率为 1∶1.2，而传统跨国公司该比率约为 1∶1。价值链的数字化导致跨国公司更多的资产集中于母国，总部协调功能加强，海外投资强度下降。但是随着各国加强跨境数据流动监管，跨国公司可能会增加数据类资产投资。

表 2-6　2020 年全球跨国企业 100 强的国外资产和国外销售份额平均值

|  | 科技跨国公司 | 电信跨国公司 | 其他跨国公司 |
|---|---|---|---|
| 国外资产份额 | 46% | 62% | 63% |
| 国外销售份额 | 54% | 56% | 65% |
| 比率 | 1.2 | 0.9 | 1.0 |

注：比率是指国外销售份额／国外资产份额。
资料来源：联合国贸易和发展会议《世界投资报告 2021》。

### （二）无形资产投资比重提高

数字化及智能化对就业的影响备受关注。一方面，数字化、智能化以及生产率的提高将导致劳动力减少；另一方面，数字经济的兴起也会创造更多的就业机会。联合国贸易和发展的数据显示，在 2010—2015 年，电信企业与传统的跨国企业就业量保持平稳，总体上与资产及营收增长保持一致。这表明数字化并未对上述两类企业的就业造成大的影响。数字类科技企业的就业人数年均增长 5%，与营业收入增长基本同步，但显著低于资产的增长（年均 11%）。这表明，尽管科技企业创造了更多的就业机会，但就业的增长明显落后于资本的增长。

同时，科技跨国公司的资本结构也在发生重要变化，无形资产及流动资产占比明显高于传统跨国公司。在联合国贸易和发展会议全球跨国企业 100 强中，大型科技企业的平均市值大约是其他跨国企业的 3 倍多。但这些企业的高市值很大程度上归因于这些企业巨大的无形资产价值，例如品牌、先进技术与知识产权等。这些科技企业的无形资产与其资产账面价值不相上下，而其他跨国企业的无形资产平均仅占其资产账面价值 40%。科技跨国企业资产结构的另一个显著特征是现金与准现金的占比很高，达总资产账面价值的 28%，是其他跨国企业现金占比的 3 倍多。以上可以看出，科技型跨国企业资产构成的重心越来越转向无形资产和流动资产，而这些资产创造的就业机会较少，且主要集中在高技能岗位。数字经济领域 FDI 创造就业的强度相对下降，并不表明这些投资对东道国已经不是那么重要。正好相反，数字经济领域的 FDI（包括数字化、智能化、自动化方面的投资及相关技术）对传统产业的升级改造以及国际竞争力的提升至关重要，因此对带动、保有传统产业的就业起到不可或缺的作用。否则，在跨国公司全球价值链日益灵活的情况下，东道国的传统产业会失去竞争力或转移到其他国家。

## （三）区位决定因素变化

数字技术发展推动国际生产的资产重心由固定、有形资产转向无形、流动资产，标志着企业价值来源发生结构性转变。专利等知识产权及其他无形资产在新一轮产业革命中日益成为企业创造价值增值的重要来源，劳动力、土地（包括自然资源）等传统生产资料的重要性相对降低。在此背景下，传统 FDI 的动因被削弱。在一些情况下，企业国际化带来的好处可能不足以补偿对外投资增加的成本（包括区位成本、协调治理成本等）。这主要影响效率寻求型 FDI, 例如受劳动力成本或贸易成本降低而驱动的 FDI, 市场寻求型 FDI 也受到一定影响。知识寻求型 FDI 以及金融与税收驱动的 FDI 则更加重要。

与传统类型的 FDI 相比, 数字类跨国公司国际投资的路径也发生明显变化。传统跨国公司的投资模式以高资本支出、高固定成本、高负债、低流动性为特征, 而数字类跨国公司的国际投资模式正好相反, 其主要特征是低海外资本支出、高流动成本、低负债、高流动性。

在数字类跨国公司对外投资中, 构成数字经济底层基础构架的数字技术 (信息、通讯、互联网、物联网、人工智能等)、数据 (数据资产、数据安全、数据产权等) 以及相关战略性资产 (如人才、创新、研发能力) 和基础设施的质量, 对国际投资流动的方向发挥着日益重要的作用。在数字经济中, 数据成了新的生产要素, 数字技术及基础设施的重要性凸显, 土地、人力和资金等传统生产要素的投资区位决定作用相对下降。各国在全球价值链以及吸引外资的竞争力日益取决于其新兴技术的实力。

**（四）非股权投资日益重要**

全球价值链日益服务化, 还意味着跨国公司在生产经营活动中更多地利用非股权投资方式, 如协议生产、服务外包、订单农业、特许经营等。每年全球非股权投资方式涉及的跨境交易已经超过 2 万亿美元, 相当于全球跨国公司海外分支机构年销售额的 1/3。非股权经营方式已经成为西方跨国企业进入全球市场的重要方式, 特别是在一些较为敏感的行业, 如农业生产、高科技产业研发等。此外, 非股权投资方式也成为跨国公司规避日益增长的地缘政治风险和投资保护主义的重要途径。

总体而言, 国际生产的数字化不仅影响下游的销售等功能, 还影响着研发、采购和生产过程, 传统的 FDI 动因被削弱, 尤其是效率寻求型 FDI。跨国公司 FDI 中实体性、生产性投资相对减少, 但是海外生产低资产、高销售现象突出。

### 三、FDI 数字化给全球 FDI 带来的影响

数字经济的兴起以及跨国公司全球价值链数字化，对跨国公司的国际投资路径及国际化模式产生深刻的影响。全球外国直接投资（FDI）出现了以下新的趋势。

#### （一）全球 FDI 呈现低增长的"新常态"

20 世纪 90 年代以来全球化以及资本市场的加速整合，推动跨国公司国际化水平不断提高。但这一进程是不平衡的，并且数次被全球或地区经济危机所打断。联合国贸易和发展会议跨国公司国际化指数（TNI）显示，90 年代以来，全球跨国公司的国际化主要经历了两个快速提升的阶段：1993—1997 年以及 2003—2010 年。2010 年以后，其国际化指数再次趋于停滞。2019 年，前 100 强非金融跨国公司海外资产、海外销售、海外雇员分别占 54%、57%、47%，都出现停滞或下降。2020 年，全球前 100 名跨国公司的国际化水平停滞不前，不同行业之间的国际化水平存在巨大差异。能源和重工业的跨国公司减少了其在海外的业务。其他行业的公司，包括制药公司和电信公司，国际业务则有所扩展。轻工业、公用事业以及汽车和贸易公司，尽管销售额是下降的，但其国际生产结构保持稳定。过去五年中，跨国总指数（TNI）的逐渐下降大部分是受地理和行业结构效应的影响，只有少数是受个别跨国公司国际化逆转的影响（见图 2-6）。在全球百强企业中，来自新兴市场的跨国公司数量从 2015 年的 8 家增加到 2020 年的 15 家。他们较低的跨国水平影响其总体国际化水平，2019 年沙特阿拉伯国家石油公司（沙特阿拉伯）和 2017 年中国国家电网（中国）的进入尤其有影响，TNI 分别为 15% 和 5% 以下。同样，在科技行业内，随着亚马逊（美国）、Alphabet（美国）、腾讯（中国）等数字公司的逐渐加入，行业平均 TNI 逐渐下降。

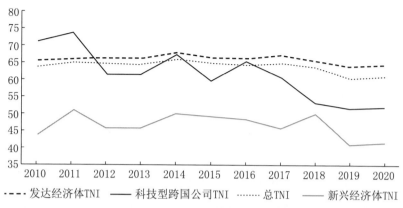

图 2-6 2010—2020 年按地区和科技型跨国公司划分的 TNI 平均指数（%）

注：TNI 为联合国贸易和发展会议跨国公司国际化指数。

资料来源：联合国贸易和发展会议《世界投资报告 2021》。

除周期性因素外，跨国公司全球价值链在数字化推动下出现新一轮结构性调整与整合也是造成这一现象的重要原因。一方面，新兴数字类跨国公司对外投资出现轻海外资产的倾向，且更多地利用非股权投资模式；另一方面，传统制造业跨国公司全球价值链数字化、智能化、自动化、服务化加速，导致全要素生产率不断提高，加重一些行业生产能力过剩问题，压制了新增投资，特别是资源和效率寻求型投资。在经济增长新旧动能的转换完成之前，跨国公司对外投资总体上可能难以出现大的反弹。

**（二）全球 FDI 中生产性投资内容发展变化**

数字经济在催生新的产业及新的商业模式的同时，也在不断颠覆旧的商业模式。新零售、新娱乐、新金融、新制造对传统生产经营方式带来前所未有的冲击。在数字经济背景下，跨国公司都在重新审视、调整全球生产经营模式。越来越多的企业加大了数字化投资（如加大对数字平台、网上供应链、网上客户关系、数据中心等建设），并对全球价值链及生产经营布局作出调整。例如，通用电气正在努力推动核心制造业务的转型，调整全球产业布局，立足于成为全球制造互联、物体互联的领军企业。对数字化资产的投资逐步代替制造资产的投资，并由此可能造成生产性投资的低迷。

### （三）发达国家在国际投资中的作用重新上升

数字类跨国企业是推动数字经济以及新一轮工业革命的主要力量，但这些企业在地理分布上高度集中。进入联合国贸易和发展会议全球跨国企业100强的数字企业，绝大多数来自发达国家（其中2/3来自美国），少数来自发展中国家，主要是中国。与传统跨国公司相比，数字类跨国企业的资产集中度更高，即集中于总部及母国。由于发达国家特别是美国仍掌握着数字经济的主要核心技术，同时数字经济基础设施较为完善，他们在国际投资格局中的地位重新上升。仅从数字经济领域看，全球数字类跨国公司50%的分公司及子公司集中于美国，这充分体现了美国的技术、创新能力以及相关基础设施对数字经济投资的吸引作用。

数字类企业凭借技术优势拥有超强的市场拓展能力，再加上资产相对集中于总部的特点，可能导致数字经济驱动的国际投资在地理上更加集中。数字经济领域的垄断（包括技术垄断和市场垄断）也成为值得关注的问题，这些将给很多发展中国家带来较大的压力。同时，新的技术革命也给发展中经济体带来了产业升级甚至跨越式发展的机遇。例如，虽然中国在核心技术能力方面仍与美国有较大差距，但技术应用及创新能力已处于全球领先地位，正成为数字经济的重要一极。2020年中国数字经济规模扩张到39.2万亿元，占GDP的38.6%，同比名义增长9.7%。新的电信技术也为非洲等欠发达国家提供了跨越式发展的机会。例如，肯尼亚在实现移动通信跨越式发展后，近年来移动支付又得到蓬勃发展，覆盖率全球排名第4。但从总体上看，全球数据鸿沟以及发展中经济体在发展数字经济基础设施方面投资能力不足，将使很多发展中国家在全球国际投资格局中处于更加不利的地位，在发展问题上也将面临更加严峻的挑战。

### （四）全球投资政策的协调亟待加强

21 世纪以来，国际投资政策出现二元化发展。一方面，国际投资政策总体进一步走向开放和便利化；另一方面，对外国投资的监管和限制也在加强（见图 2-7）。加强监管和限制的政策措施所占比率从 2000 年的 5% 左右，增长到近年的 20%—25%。主要发达国家近年来都在国家安全审查方面出台新的立法或行政措施，加强对外资的审查。此外，各国政府越来越多地利用产业政策、外资审查及监测等手段，加强了战略性产业的保护，保护主义措施日益增多。

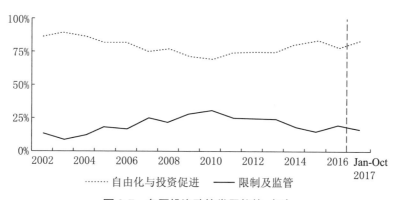

**图 2-7　各国投资政策发展趋势（%）**

资料来源：联合国贸易和发展会议全球投资政策数据库。

近年来，各国着眼于数字经济及新一轮技术革命展开激烈竞争，数字经济领域的投资保护主义尤其突出。根据联合国贸易和发展会议数据，在受数字化影响最大的 10 个行业中，至少一半以上（包括媒体、运输、电信、金融、专业服务）是受政府管制最多的行业（见图 2-8）。近年来发达国家大幅加强对数字经济等高新技术及核心资产（包括数据）的保护，强化对跨境并购的审查，并出台新的政策鼓励高科技企业海外投资回流。数字经济领域跨境投资可能面临更多的政策限制，国际协调亟待加强。

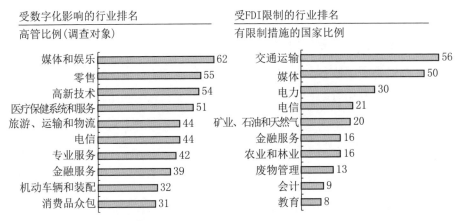

图 2-8　受数字化影响最大及 FDI 限制最多的 10 个行业（%）

资料来源：联合国贸易和发展会议《世界投资报告 2017》。

### 四、数字经济下上海吸引外资的思路

数字类跨国企业的崛起是当前跨国企业发展的重要现象。数字经济的兴起创造了大量的新业态和新型商业模式，对传统产业以及传统商业模式产生深刻的影响。跨国公司全球价值链出现数字化、服务化、去中介化以及定制化新趋势。跨国公司国际投资模式及路径因此深刻演变，出现轻海外资产、低就业、区位决定因素变化、服务业投资比重上升、非股权投资增多，以及跨国公司全球布局更加灵活六大特征。在跨国公司全球价值链数字化推动下，跨国公司国际化进入新的阶段，全球 FDI 呈现"低增长"及大幅波动的新常态，数字及新兴制造技术成为国际投资流动日益重要的区位决定因素，发达国家在吸引外资以及对外投资方面的优势及地位重新提升，数字经济领域的国际竞争激化，国际协调亟待加强。面对数字经济的兴起以及全球跨国公司战略转型，上海吸引外资需进行策略性调整。

### （一）夯实数字 FDI 底座

数字基础设施是包括云计算、物联网、人工智能、区块链等新一代信息技术实施的基础，是数字 FDI 实现的底座。应加快布局以 5G、IPv6、人工

智能、工业互联网、大数据中心为代表的新型基础设施，基于数据收集和传输（5G）、智能算法实现智能应用场景（人工智能）、企业间的信息整合与共享（工业互联网）、大数据存储和处理（大数据中心）等因素，增强信息网络综合承载能力和信息通信集聚辐射能力，提升信息基础设施的服务水平和普遍服务能力，满足自贸试验区政府、平台、企业对数字化转型的网络信息服务质量和容量要求。

**（二）梯度集聚数字金字塔企业**

数字主体的分布呈现金字塔型，底层主要是平台类企业，中间是提供软件支撑的数字企业，塔尖是提供硬件支撑的数字企业。平台类企业覆盖面广、数量多、创新快，有助于形成规模效应，平台类企业会衍生大量的交易数据信息，会带来大数据、云计算等基于数据挖掘的数字企业集聚，进口货物跨境交易平台还会带来物联网、区块链、软件服务和硬件支撑的数字企业集聚。上海数字主体的集聚应该顺着金字塔由下而上、梯度集聚。由于我国数字领域开放度不高，上海数字主体主要来源于国内企业，作为"五个中心"城市，只有集聚具有跨国经营能力的主体，才能真正实现连接国内外两个市场、两种资源的目标。与贸易相关服务企业集聚的路径不同，数字企业集聚的首要路径是推动开放。在国家安全和风险防控的总原则下，数字领域开放的有效路径是以自贸试验区改革开放深入为契机，探索建立数字主体集聚中心。在自贸试验区中落实中澳自贸协定、CEPA 有关数字主体准入条款，允许符合条件的境外数字贸易企业在新片区内设立分支机构。主张数据本地存储的国家，通过鼓励建立大数据中心来积累支撑贸易数字化发展的大数据，例如越南要求在本国提供网络信息和服务的跨国公司须在境内建立数据中心。我国在自贸试验区和自贸试验区外禁止外商投资互联网数据中心业务，在 CEPA 协议下外资数据中心股权最高占 50%。

**（三）创新外资促进和监管方式**

一是着眼点应从招商引资转变为"招商引智"和"招商引能"，投资促进及便利化的重点、方式及业绩评估体系需要作出新的调整。科研机构及科技院校应成为新一代招商引资（引智、引能）的重要平台，股权投资应与非股权投资相互结合、相互促进，鼓励类项目以及创造的高新技术岗位应成为主要的业绩指标。

二是创新外资监管。数字类跨国全球治理结构及经营网络更加灵活也更加复杂，技术与商业模式的创新日新月异，对外资监管的有效性提出多重挑战。例如，联合国贸易和发展会议的研究表明，由于数字类跨国公司无形资产及流动资产占比很高，这些企业更容易利用复杂的跨境股权设计及转移订价（专利等）等方式转移利润，降低税负。同时，这些企业利用复杂的跨境所有权构架及交叉持股等手段，加上其技术优势，可以用远低于 50% 的股权对海外实体形成事实上的控制。复杂的股权构架也给这些企业国籍的认定带来挑战。因此，传统上主要利用股权限制对外资进行限制和监管的做法越来越难以奏效，对外资准入及运营的监管需要更多地依靠反垄断以及国家安全审查等手段进行，而且在方式、方法上需要创新，例如在如何界定数字类企业市场地位方面需要创新。

# 第三章

# 投资规则变化、中国开放新阶段和上海探索

为解决全球投资治理的碎片化问题、应对国际投资新趋势，近年来，国别、双边和多边等各层面推动投资管理制度以及国际投资协定体系改革。2016 年以来，大型区域国际投资协定（IIA）不断涌现，包括《全面与进步跨太平洋伙伴关系协定》(CPTPP)、《区域全面经济伙伴关系协定》(RCEP) 和《中欧全面投资协定》(CECAI) 体现了未来国际投资规则趋势。2020 年中国成为全球第一投资大国，具备了参与全球投资治理的实践基础，而全球投资治理的碎片化状态，则给中国参与全球治理提供了空间。

改革开放以来，上海在商品和要素流动型开放方面一直走在全国前列，2013 年率先在投资领域、实行准入前国民待遇加负面清单管理制度开放探索。2018 年中央经济工作会议提出"推动由商品和要素流动型开放向规则等制度型开放转变"，到国家"十四五"规划纲要明确"持续深化商品和要素流动型开放，稳步拓展规则、规制、管理、标准等制度型开放"，上海完善投资管理制度的探索，不仅是顺应制度型开放的要求，而且是中国参与全球治理的要求。

## 第一节　国际投资协定规则变化和成因

国际投资和国际贸易是国际生产的主要组成部分，是全球价值链的基础，是全球经济治理的两大支柱。联合国贸易和发展会议《世界投资报告

2020》提出，从 1990 年到 2010 年的全球国际生产高速繁荣的时代，即"超级全球化时代"，全球商品和服务出口以 GDP 两倍多的速度增长，全球贸易增长 5 倍，而全球 FDI 增长近 10 倍，成为国际生产的主推动力，在当前的国际生产格局中，投资已经超越贸易。虽然 2016 年二十国集团（G20）杭州峰会上《G20 全球投资政策指导原则》获得通过，但是全球现有的 3360 个国际投资协定（IIA）包含 2943 个双边投资协定（BIT），以及 417 个包括投资条款的协定（TIP），相较全球贸易治理的成熟，全球投资治理呈现碎片化状态。为解决全球投资治理的碎片化问题、应对国际投资新趋势，近年来，国别、双边和多边等各层面正在推动投资管理制度以及国际投资协定体系改革。

## 一、从 CPTPP、CECAI 到 RCEP——国际投资规则的演变和趋势

2016 年以来，大型区域 IIA 不断涌现，包括《全面与进步跨太平洋伙伴关系协定》（CPTPP）、《区域全面经济伙伴关系协定》（RCEP）和《中欧全面投资协定》（CECAI）。一是 CPTPP。该协定于 2018 年 12 月 30 日生效，投资章节分为 A、B 两部分，包括了投资定义、适用范围、投资者权利和义务，以及投资争端解决机制的安排。在规则体系上，CPTPP 基本沿用 2012 年美国公布的双边投资协定框架，提倡稳定、透明、可预见和非歧视的投资保护框架。二是 RCEP。该协定谈判于 2012 年启动，2020 年 11 月 15 日签署，包含以改革为导向的投资章节，包括纳入完善的投资定义，提出投资促进和便利化要求，提出分阶段实现以负面清单承诺为基础的行业开放规则，体现了在现代化与高质量的投资规则要求下，亚洲国家渐进式投资管理制度改革的原则和方向。三是 CECAI。其原则性协定在 2020 年 12 月 30 日达成，投资章节专门讨论投资自由化，规定投资者及所涉企业在若干情形下享有设立和经营方面的国民和最惠国待遇。CECAI 是传统双边投资协定的升级版，投资议题覆盖领域宽、规则水平高，不仅体现国际投资规则

新趋势，而且发挥了以中国为代表的发展中国家和以欧洲国家为代表的发达国家投资制度融合的示范效应。

CPTPP、RCEP 和 CECAI 这些大型区域 IIA 很大程度上引入《G20 全球投资政策指导原则》的理念、原则和要素，同时也结合成员国发展阶段，进行适应性调整，包含符合发达国家发展水平的高标准投资规则和符合发展中国家发展阶段特征的包容性措施。CPTPP、RCEP 和 CECAI 是大型区域 IIA 的代表，它们是在广泛的国家群体间签署的经济协定，具有整体、重大的经济影响力，体现和影响着未来国际投资规则。

**（一）服务和数字替代制造引领国际投资自由化方向**

全球投资规则的总体原则仍然是反对投资保护主义，持续降低市场准入、推动产业开放。CPTPP 取消了信息安全和国家利益外的服务准入限制，RCEP 开放了金融、法律、建筑、运输等领域。CECAI 中，中国对欧开放了医疗健康、电信／云服务、科技研发（生物资源）、金融保险、建筑服务、环境服务、商业服务、国际海事运输等领域，欧盟加大制造、新能源和批发零售的开放。总体来看，大型区域 IIA 推动的投资自由化领域是服务和数字。

（1）金融服务开放。CPTPP 在金融领域的开放规则包括准入前国民待遇、棘轮机制等，对跨境金融服务提供做了更明确的规定。RCEP 为跨境金融服务制定具体规则，并且首次引入新金融服务。CECAI 中，中国取消银行、证券、保险、资产管理等领域外国投资者股比限制。

（2）专业服务开放。RCEP 专业服务附件就成员国之间相互承认的专业资质并为许可或注册程序需提供的便利作出规定。CPTPP 增加"工程和建筑设计服务""对工程师的临时许可或注册""法律服务"等具体的资格认证要求的限制性措施。

（3）电信服务开放。CPTPP 在号码携带、电信业务转售、电信服务互联互通、稀缺资源分配和使用方面要求更高，要求缔约方确保履行有关获得和使用电信服务、竞争性保障、电信网络互连、电信监管机构、国内电信纠纷的解决和透明度等方面的关键义务。RECP 电信服务附件在现有的东盟与中国"10+1"自贸协定基础上，对电信主要提供者的待遇、电信专用线路服务的提供和定价、电信共址、国际移动漫游等方面也作出了规定。CECAI 中，中国取消云服务外商投资限制，但同时限制外国投资者股比在50% 以下。

### （二）负面清单替代正面清单成为国际投资管理通行模式

投资规则是"边境后"规则的代表，其中关于投资者国民待遇的非歧视原则，具体体现为投资者待遇的透明度原则和投资者权利保护原则，最能体现"边境后"规则的核心要义。非歧视原则要求投资者在准入时和准入后都享受国民待遇，而与此相配套的透明度原则不仅要求具体政策、法律法规的内容要公开、透明，而且制定政策、法律法规的过程也要公开、透明，且需保证外国投资者参与的一定时间，以及公开、透明的执行政策、法律法规情况和与此相适应的投资规则即负面清单管理模式。

CPTPP 全面采用负面清单的国际投资管理模式，比其他国际投资协定更为全面、详细。RCEP 采用"负面清单 + 正面清单"承诺方式，日本、韩国、澳大利亚、新加坡、文莱、马来西亚、印度尼西亚全部采取负面清单方式承诺，中国、新西兰、柬埔寨、老挝、缅甸、菲律宾、泰国、越南对服务业投资采取为期 6 年的从正面清单向负面清单过渡模式。CECAI 要求中欧政府应对对方企业一视同仁，包括在企业申请设立阶段，在大多数领域不得针对外国投资者进行专门的审批，即"准入前国民待遇"。中欧双方列出国民待遇、最惠国待遇、业绩要求、高管和市场准入等例外，例如，双方均对出版、视听等行业保留了国民待遇的例外，外国投资者不得像本国人一样设立或运营企业。双方的负面清单范围均涵盖包括服务业和非服务业在内的所有行业领域，是真正的、完全的负面清单。

根据三个大型区域 IIA 承诺，负面清单已经成为包括美国、加拿大、日本和欧盟等发达国家，以及中国、越南等发展中国家通行的投资管理模式。虽然其中 RCEP 是分阶段实现负面清单制度，但是仍然遵循着负面清单原则方向性指引，体现了亚洲国家渐进式投资管理制度改革的原则和方向。

**（三）东道国与投资者利益平衡模式成为投资争端解决机制改革走向**

《友好通商航海条约》确立国家间的投资争端解决机制、《北美自由贸易协定》等区域 IIA 全面引入以来，投资争端解决机制已经成为投资保护原则得以实现的保障，但是 CPTPP、RCEP 和 CECAI 都对此机制进行适应性调整。

CPTPP 规定投资者与东道国间投资争端的解决机制，然而，各方同意暂停在提交投资争端解决机制申诉等方面适用有关"投资协定"和"投资许可"的规定。由于私人企业与投资合同、批准有关的申诉现被排除在外，投资者与东道国政府之间争端领域收窄。参与国之间还在双边基础上签署了多份附件，以终止现有的双边投资协定，排除对投资争端解决机制条款的适用或针对性地调整原有安排。

RCEP 未对投资争端解决机制作出实际操作规定，鼓励采用磋商、协调等替代性措施。但在第十章第十八条提出在不迟于协定生效后的两年，讨论东道国和投资者之间的投资争端解决机制安排。

CECAI 不包含传统的投资争端解决机制，提出一个国家间机制，通过协商和诉诸于仲裁所构成的两步法来避免和解决双方之间的争端。双方同意继续展开谈判，以期在 CECAI 签署后的两年内达成一项关于投资保护和投资争端解决的协议。CECAI 提出设立专门工作组，协定中各项承诺的执行情况将由欧委会执行副主席和中方副总理进行监督。协定包括的国家间争端解决机制，符合欧盟现有贸易协定的最高标准。

由于原先的投资争端解决机制更将偏向于保护投资者权利，引发大量的投资仲裁案件，削弱了东道国，尤其是发展中国家国内规制的制约能力，降低了其进一步开放的决心。《联合国贸易法委员会投资者与国家基于条约仲裁透明度规则》和《G20 全球投资政策指导原则》的发布，体现了投资争端解决机制从"投资者友好型"机制向东道国与投资者利益平衡模式的过渡。具体而言即是不再无限放大投资者权利，更加倡导政府和投资者关系的多方面平衡。RCEP、CECAI 和 CPTPP 关于投资争端解决机制的安排，从实践层面回应《G20 全球投资政策指导原则》倡导的方向。

**（四）可持续发展条例体现国际投资协定负责投资导向**

环保、劳工等已成为高标准国际经贸协定的重点议题，体现可持续发展和包容性增长原则，这是 CPTPP、RCEP 和 CECAI 等新一代国际投资规则的核心理念。CPTPP 将多边环境协定义务纳入协定框架，包含广泛的强制性义务，如保护臭氧层、防止船舶污染、禁止造成过度捕捞和产能过剩的补贴措施等，对公众参与、透明度等作出详细规定，CPTPP 还将贸易投资与环境问题挂钩。CECAI 对环境和气候等可持续发展议题作出承诺并列入专门章节，规定不得通过降低国内法规定的环保标准来使国内企业获得低成本竞争优势，这是协定一大亮点。CECAI 还提倡有利于绿色增长的投资，促进和鼓励对环境、气候友好型产品和服务的投资。

除去 RCEP 之外，CECAI 和 CPTPP 在可持续发展内容上的体现，也围绕着 2012 年联合国贸易和发展会议推出的《可持续发展投资政策框架》展开，将经济、社会、环境中可持续发展问题纳入协定条款，符合国际投资体系负责任投资的发展方向。

## 二、RCEP、CECAI 和 CPTPP 投资规则变化的成因和逻辑

21 世纪以来，国际投资规则出现二元化发展，也就是 RCEP、CECAI 和 CPTPP 投资规则所呈现的特征，一方面，投资规则仍然遵循开放和便利化原则；另一方面，对投资者限制也在加强，尤其是投资争端解决机制调整路径凸显该趋势。投资规则变化反映出制度和技术因素引致的投资趋势变化。

### （一）危机频发推动国际投资趋势和规则调整

#### 1. 全球投资自由化受阻

2008 年金融危机之前是超级全球化时代，表现为产业、贸易、金融的自由化和全球化，生产要素的全球流动配置，全球价值链的快速形成和扩展。跨国企业在全球经济中的分量不断上升，主导了全球价值链和国际生产体系的构建，并使得各个主要经济体之间利益深度捆绑。跨国企业为了自身利益，利用其影响力来缓和国家间的经贸冲突，成为推动全球市场自由竞争的非国家主体。

2008 年的金融危机是超级全球化时代终结、全球贸易和投资拐点事件，联合国贸易和发展会议《贸易和发展报告 2020》提出，G20 伦敦会议关于促进全球贸易和投资的协定流于形式。2008 年至 2010 年期间出现崩溃和大幅反弹后，全球贸易持续以低于 3% 的平均水平流动。这是因为发达经济体，尤其是美国在金融危机之后面临技术创新放缓、生产率增速持续走低，以及初级制造品和中间投入品生产加工的外移导致的失业人口增加问题。美国在全球化体系中难以继续巩固核心技术和研发地位，并将此归咎于跨国公司的海外转移，要求跨国公司收缩全球生产活动，并且加大对跨境投资或者资本流动的限制。新冠疫情等危机的持续，使得全球投资转向保护主义的趋势更加明显。

#### 2. 区域化成为投资自由化"次优选择"

从东道国角度而言，通过吸引 FDI 获得融入国际生产的契机，以此提升产业竞争力和居民收入，仍然是大多数国家发展的路径。因此在全球化受阻情况下，加强区域合作的诉求增强。经济合作与发展组织（OECD, 2021）提出，区域贸易协定（RTA）通过协调地区贸易伙伴关系，已经成为贸易格局的一个决定因素，以及 WTO 机制的重要补充和完善。越来越多的涵盖投资协定的 RTA 达成，通过推动区域投资自由化，打破投资全球化受阻的势头，以此获得更大的发展空间。与 RTA 一样，区域 IIA 成为决定国际投资格局和推动全球投资治理的重要力量，在建立多边国际投资规则失败的背景下，区域 IIA 成为"次优选择"，联合国贸易和发展会议《世界投资报告 2015》提出，2009 年《里斯本条约》的出台将欧盟成员国的 FDI 权能转移至欧盟，加强扩大了区域 IIA 的趋势。

从跨国公司角度而言，为应对 2008 年金融危机、2011 年日本海啸、2018 年中美经贸摩擦、2020 年新冠疫情等经济、自然、政治、卫生等引发的贸易投资管制以及由此引发的供应链危机，跨国公司开展供应链韧性战略，主要是重组生产网络、加强风险管理和推动可持续发展。但是《世界投资报告 2021》指出，由于网络重组的复杂度较高，尤其是需要考虑沉没成本，因此跨国公司更加倾向选择市场接近度来管理供应链风险，这导致全球 FDI 规模下降，但是区域尤其是亚洲区域 FDI 规模上升。2020 年，亚洲地区 FDI 流入金额增长 4%，达 5350 亿美元，是唯一实现正增长的地区，约占全球外国直接投资额的一半。

在国家和跨国公司全球经济治理的二元主体推动下，IIA 达成的紧迫性和必要性进一步增强。WTO 由于过分注重投资自由化和投资者利益保护，这给区域中发展中经济体发展带来很大压力。在保护主义抬头的背景下，为了顺利推动区域投资协定的达成，兼顾成员国的多样性，RCEP、CECAI 以及 CPTPP 不约而同地选择了约束投资者保护，限制或者搁置投资争端解决机制使用范围，更加强调东道国的监管权和投资争端中国内规制的适用性，促成了区域 IIA 的达成。RCEP 允许不发达成员国分阶段实施负面清单管理制度，尊重了发展中国家和发达国家发展程度的差异，这也是为了更加有效达成大型区域 IIA 的有效路径，是新时期国际投资协定的特色。

## （二）数字技术引致国际投资趋势变化和规则创新

### 1. 数字技术发展推动数字和服务投资自由化

互联网、数字技术推动第三次产业革命的发生，新冠疫情加大了全球对数字技术应用的需求，数字技术公司在全球最大的跨国公司中迅速崛起，也使制造和服务跨国企业加大了数字化转型投资。例如，通用电气正在努力推动核心制造业务的转型，调整全球产业布局，意欲引领全球制造和物体互联。随着数字平台、网上供应链、网上客户关系、数据中心等投资加大，信息、通信等数字相关产业 FDI 正在成为全球 FDI 新的牵引力量。

服务要素在全球价值链和全球贸易网络中发挥链接、创造和增值作用，向服务环节跃升是提升全球价值链地位的主要路径。数字化进一步促进了服务向制造业的渗透，对全球价值链的运行起到了降低成本、提高运行效率的作用，世界贸易组织（2018）预测，数字技术带来贸易成本下降，服务的比重从 2018 年的 21% 上升至 2030 年的 25%。全球价值链和贸易的服务化，推动服务业 FDI 占比的持续提升。

各国着眼于数字经济及新一轮技术革命展开激烈竞争，数字经济领域的投资保护主义尤其突出，尤其是发达国家大幅加强了对数字经济等高新技术及核心资产（包括数据）的保护，强化对跨境并购的审查，并出台新的政策鼓励高科技企业海外投资回流，媒体、运输、电信、金融、专业服务等是受数字化监管影响最大的行业。然而基于对数字和服务全球投资增长的预期，区域 IIA 促进数字和服务开放的动力增强，由此体现出服务和数字投资自由化规则安排超越制造领域。

### 2. 数字技术发展推动投资者和东道国之间关系平衡

根据跨国公司发展历程，全球技术革命引发国际投资动因、模式变化，尤其引致市场寻求型 FDI。作为新一轮技术革命的代表，数字技术对全球 FDI 的动因和模式也带来影响。首先，《世界投资报告 2021》的全球前 100强跨国公司中，科技和数字类跨国公司一共有 13 家，其海外销售总额在前 100 强中占比超 22%，而外国资产的份额只有 11%。数字类跨国企业海外投资者资产份额与海外销售份额的比例为 1∶1.8，而传统跨国企业该比例约为 1∶1，这不仅说明数字类跨国在东道国具有轻资产、高销售特征，而且证明数字类 FDI 具有市场寻求型导向，因此会比传统跨国公司更加注重当地市场的价值。其次，数字类跨国公司，尤其是平台公司发展依赖数据资产，但是由于受到数据本地化存储、限制跨境流动等管制措施影响，数字类跨国公司需要在东道国注册实体进行数据采集。与制造和服务类跨国公司相比，数字类跨国公司更加侧重本地化生产来实现规模和范围经济，具有市场导向型 FDI 特征。因此，为进一步获得和保护在当地的市场利益，数字领域外商投资者与东道国政府间两者之间的关系平衡性更加重要，由此进一步约束了投资争端解决机制的使用。并且，数字类跨国公司的轻资产、技术密集型特征，还使得其更加重视在东道国的劳工关系，推动了区域投资规则更加注重劳工、环境等可持续原则。

## 第二节　全球投资治理的中国方案及上海探索

改革开放以来，上海在商品和要素流动型开放方面一直走在全国前列，2013 年率先在投资领域、实行准入前国民待遇加负面清单管理制度开放探索。浦东开发开放 30 周年庆祝大会上，习近平总书记要求浦东深入推进高水平制度型开放。2021 年 7 月 15 日，《中共中央国务院关于支持浦东新区高水平改革开放打造社会主义现代化建设引领区的意见》发布，突出强调浦东在投资等制度创新上的引领作用。

2022 年 1 月 1 日《区域全面经济伙伴关系协定》正式生效实施，在投资章节，中国首次采用负面清单方式、分阶段完成承诺，并且部分领域规则比《外商投资法》更为详细和明确，这为浦东在投资管理制度开放方面发挥引领作用提供了实施路径的指引。2020 年 12 月 30 日，《中欧全面投资协定》谈判如期完成，2020 年 11 月 20 日习近平总书记表示，"将积极考虑加入 CPTPP"，CECAI、CPTPP 在 RCEP 基础上，进一步提高投资规则标准，为上海引领投资管理制度开放提供先行先试空间。

## 一、中国参与全球投资治理的背景

2015 年，中国提出"共商共建共享的全球治理理念"，第 71 届联合国大会吸收"共商、共建、共享"作为改善全球经济治理的原则，表明中国全球经济治理的理念逐渐被认可。2018 年中央经济工作会议提出"推动由商品和要素流动型开放向规则等制度型开放转变"，2021 年中国国家"十四五"规划纲要明确"持续深化商品和要素流动型开放，稳步拓展规则、规制、管理、标准等制度型开放"，明确国内经济治理的路径。国内投资治理不仅涉及投资准入的"边境"规则，而且涉及准入后保护、促进机制等"边境后"制度，因此积极参与全球投资治理是中国推动商品和要素流动型开放向制度型开放的重要切入点，体现国际治理和国内治理兼容衔接的路径，也是实践"共商、共建、共享"的全球经济治理理念。

国际投资和国际贸易是国际生产的主要组成部分，是全球价值链的基础，是全球经济治理的两大支柱。《世界投资报告 2020》提出，从 1990 年到 2010 年的全球国际生产高速繁荣的时代，即"超级全球化时代"，全球商品和服务出口以 GDP 两倍多的速度增长，全球贸易增长 5 倍，而全球 FDI 增长近 10 倍，成为国际生产的主推动力，在当前的国际生产格局中，投资已经超越贸易。2020 年，中国投资流入和流出均居全球第一，具备参与全球投资治理的实践基础。2013 年，中国率先在投资领域开展"边境后"制度开放探索，推出全国首张外商投资准入负面清单。2019 年，《外商投资法》将自贸试验区成立以后外商投资领域改革措施以法律形式固化，为中国参与全球投资治理建立了与国际投资规则兼容的国内治理基础。

## 二、中国参与全球投资治理的现实需求

### （一）参与全球投资治理是中国参与全球经济治理的切入口

近年来，全球经贸规则博弈日趋激烈，新技术革命推动新领域规则和标

准不断出台。从国际经贸规则发展趋势来看，规制重点从货物、人员、资金等商品和要素跨境流动的"边境"制度逐步扩展至投资、知识产权、竞争、环境、劳工等"边境后"制度。党中央明确提出要推动由商品和要素流动型开放向规则等制度型开放转变，正是对全球经贸规则新趋势和新特点的呼应。要素型开放是为促进商品和要素自由流动而设计的"边境"制度，制度型开放是系统设计的"边境"和"边境后"制度，是开放的基础性和持续性支撑。2013 年，上海自贸试验区推出全国首张外商投资准入负面清单，将外国投资者准入从审批制度改为备案制度，形成与国际投资规则一致的市场准入管理模式，是中国首次在投资领域开展"边境后"制度探索，2019 年《外商投资法》将对标国际投资规则的外资管理制度探索成果进行固化。因此，在中国日渐成熟的投资管理制度领域，形成全球投资治理的中国方案，是适应全球经贸规则调整、参与全球经济治理的有效切入口。

**（二）参与全球投资治理是中国构建新发展格局的需要**

2020 年中央财经委员会第七次会议提出，构建以国内大循环为主体、国内国际双循环相互促进的新发展格局，标志着中国开始进入发展新阶段。外国投资者，尤其是跨国公司是国际市场在人才、技术、数据、产业等方面的战略链接主体，尽管经贸摩擦、地缘政治等事态发展仍存在很大不确定性，但是受到中国购买力增强、基础设施发达、投资环境改善的鼓舞，跨国公司仍继续加强在中国投资，认为中国是全球不可或缺的战略市场。并且，跨国企业将总部功能布局在上海、北京等全球性城市，协调国内外的投资、结算、采购、销售、研发、创新活动，成为中国新发展格局的重要主体。参与全球投资治理能够使中国制度型开放安排进一步与国际高标准经贸规则相衔接，打破国内大循环中的行业、市场等方面的壁垒，建立起与国际规则、规制、管理和标准衔接的国内治理体系，使得国际循环中的优质要素能够在跨国公司协调下顺利进入并且参与国内大循环，实现对国内全要素生产率的正向溢出效应。

### （三）参与全球投资治理是中国深化投资管理制度的目标

40 多年来，中国深度嵌入全球生产和供应网络，使得国内劳动力、土地等生产要素效率提升的同时，成本也在上升，带来成本导向型外国投资者流入的动力趋减。而劳动力和土地要素成本上升的同时，意味着政府和居民收入水平也在上升，中国消费市场规模扩大，市场寻求型外资流入趋势加强。成本导向型外资更多是与加工贸易相关的生产经营活动，管理制度的重心在投资准入以及商品和要素的跨境流动便利化，市场寻求型外资活动更多是与国内生产和消费相关的经营活动，管理制度重心在准入后的市场竞争、投资保护等规则。在中国吸收国际投资新阶段，通过对接 RCEP、CECAI、CPTPP 等国际协定，参与全球投资治理是中国投资管理制度优化的现实需要和目标。

### 三、参与全球投资治理的中国方案及上海探索

许超（2021）认为，国家治理是全球治理的基础，全球治理是国家有效治理的战略选择，只有统筹协调好国家治理和全球治理的平衡，才是真正实现全球治理中的国家作用。中国加入世贸组织以来，通过接轨国际、对标最高标准规则来适应全球经济治理。赵蓓文（2021）认为，这主要是接受、内化和借鉴过程。随着中国成为区域 IIA 的参与者、制定者，完善符合国内利益的国内经济治理，同时接轨兼容全球经济制度体系平台，成为中国参与全球经济治理的路径选择。因此，参与全球投资治理中国路径是，按照《G20 全球投资政策指导原则》指引，一方面，对接 RCEP、CECAI 和CPTPP 等区域国际投资协定要求，持续推动投资自由化、完善负面清单管理制度，完善国内投资治理。另一方面，将已经探索成熟的外国投资者投诉机制、促进和便利化机制等国内治理转化为与国际投资规则兼容的制度创新，借助大型区域 IIA 平台分享形成的经验，推动全球投资治理完善。因此，通过国内投资治理和国际投资治理的互动协调，实现全球投资治理的

"共商、共建、共享"，为全球经济治理的中国方案，具体实施路径如下：

## （一）完善国内投资治理

### 1. 推动数字和服务投资自由化

历经 6 次修订，中国自贸试验区版负面清单越来越短，服务业对外开放范围不断扩大，但是对照 RCEP、CECAI 和 CPTPP 协定中数字和服务投资自由化要求，一是需要推动 RCEP "新金融服务"条款落地。RCEP "新金融服务"条款本质要求成员国向 RCEP 其他成员国投资者开放国内金融机构能够开展的业务，不仅是向成员国投资者放开持股比例限制，而且是允许开展与国内金融机构同样的业务，本质上体现了外国投资者的国民待遇和公平竞争原则。二是推动 CECAI 开放领域率先落地。CECAI 市场开放的水平在某些领域比《海南自由贸易港外商投资准入特别管理措施（负面清单）》还要开放，建议紧抓 CECAI 开放承诺给上海、海南等城市创造的产业开放"窗口期"，推动医疗、生物科技研发等领域取消外国投资者股比限制，以及比照海南在数字领域的开放安排，在上海自贸试验区和临港新片区放开云计算和数据中心，包括互联网数据中心业务和在线数据处理与交易处理业务的外国投资者股权比例的限制，加大压力测试，为整体性开放形成有效的压力测试和监管路径。

### 2. 完善负面清单管理制度

负面清单管理制度通过提高政策的透明度和可预见性来实现投资者保护，负面清单只是列举了限制和禁止准入的产业或者领域，其长短并不说明开放度高低，各国实践中也仍然在不断调整和完善。为解决清单调整过程中可能存在的同一事项政策措施不一致的问题，负面清单通常都有对应的投资保留及不符措施，缔约方通过附件清单的模式，列明股比、国民待遇、业绩要求等负面清单外存在的现行管制措施。

中国在 RCEP 下承诺了外国投资者的国民待遇，并以附件形式将投资保留及不符措施进行列表，但是《外商投资法》所代表的国内法律规范并未对负面清单外投资保留和不符措施列明，外资在准入后可能还存在经营限制。根据对《外商投资准入特别管理措施（负面清单）》《自由贸易试验区外商投资准入特别管理措施（负面清单）》两张清单外资准入后经营限制的梳理，除去农林牧渔业、印刷业、汽车制造业、记录媒介复制业、建筑业等5个制造业，负面清单外共涉及 20 个服务业存在外资经营的相关法律、行政法规、地方性法规、规章等要求。根据《立法法》的相关规定，宪法、法律、行政法规、地方性法规、规章的法律效力依次递减，但是该法第九十一条规定，"部门规章之间、部门规章与地方政府规章之间具有同等效力，在各自的权限范围内施行"。因此，可能会存在同一领域、行业外资准入后经营要求存在具有同等效力的规章、法规不同的解释，由此带来投资透明度、一致性问题。

因此，中国负面清单管理制度完善的核心不仅在于削减清单条目、扩大开放，还需通过以不符措施列明国内与投资有关的法律、法规、规章等措施，既达到开放后的透明度要求，又能保护国家产业安全。据此，可推动海南自由贸易港、自贸试验区等开放平台，对照 RCEP、CECAI 外资负面清单准入承诺，梳理包括法律、行政法规、地方性法规、规章等现行法律规定中有关外资经营的相关要求，制定投资保留及不符措施承诺表，增强中国外商投资相关政策规范的透明度和可预见性。总体原则如下：一是当现行有效的、不同法律法规以及规章对同一事项的规定一致时，按照现行法律规定描述确定投资保留及不符措施。二是当现行有效的、不同法律法规以及规章对同一事项的规定不一致时，根据《立法法》法律效力的规定，地方性法规与部门规章之间、部门规章之间、部门规章与地方政府规章之间对同一事项的规定不一致时，不能确定如何适用时，需要由国务院进行裁决，甚至还需提请全国人民代表大会常务委员会裁决。可见同一事项的规定不一致时，如果只一味强调扩大开放、降低准入后经营标准，可能会带来不同的部门与政府部门之间、不同部门之间长时间的沟通、协商，甚至还需提请全国人民代表大会常务委员会或国务院进行裁决过程。因此基于透明度和可预见性的基本原则，在与负面清单保持一致性前提下，减少协调的成本和时间、提高开放措施的效率，建议选取法律位阶最高和约束力最强的法律、法规、规章条款的表述，作为投资保留及不符措施予以列明。

## （二）引领国际投资治理

### 1. 引领国际投资争端解决预防机制

国际投资争端解决机制日渐回归对东道国国内规制的重视，重心从解决走向预防，将投资争端预防与争端解决阶段对接，不仅拓宽了争端解决机制的功能空间，而且减少了争端发生，促进了投资者和东道国之间的良性互动。该趋势不仅符合中国特色社会主义发展道路的原则，而且体现了中国在现行国际协定中的承诺和国内规制内容。在以 CECAI 为代表的国际协定层面，中国与欧盟建立国家间投资争端机制，重点是在行政层面建立诉讼前的协商机制来避免争端发生，在中国现有投资管理制度探索基础上进一步完善和创新机制。在国内规制层面，《外商投资法》中的外商投资企业投诉工作机制即类似于投资争端预防。1989 年上海市政府发布《上海市外商投资企业投诉及处理办法》，对投诉主体、投诉内容进行界定。2006 年商务部出台《外商投资企业投诉工作暂行办法》，无论是地方层面，还是中央层面，都对外国投资者的问题和诉求搭建了沟通的渠道，希望通过外商投资企业投诉工作机制来避免争端的发生。

投资争端预防的方法包括投资跟进、投资预警和投诉处理，核心在于后者。从中国实践来看，重点是要完善投诉处理的机制和路径。首先从投诉处理时效来看，韩国实现了较为严格的投诉处理机制，规定接到外国投资巡查员要求后 7 日内通报其对相关事项的意见，而中国商务部规定的投诉处理时期为 30 日。可以借鉴韩国经验，对投诉处理的时效进行约束。其次从投诉处理协调机制来看，上海推行的政企圆桌会议等类似的现场问题协调机制，由于取得较好的实际效果，被江苏、浙江、广东等省市学习和参照，可以将此作为投诉处理协调机制进行固定化。最后从投诉处理终结机制来看，由地方政府部门明确问题所属协调机构，由其提出投诉处理结果的终结报告。如地方政府不能解决，则提交中央部委进行解决或者协调。如无具体处理结果，则由商务部投诉中心组织专家组对企业经济损失进行裁定。通过完善中国外商投资企业投诉工作机制，形成与国际兼容的中国投资争端解决预防机制，引领全球投资争议解决机制。

**2. 引领国际投资促进和便利化机制**

全球 80% 以上的国际投资协定都没有涉及投资促进与便利化条款。40多年来，中国在吸收外国投资者的同时，也在同步建立投资促进和便利化体系，尤其是以上海为代表的地方政府形成包括服务促进和政策促进在内的投资促进和便利化机制。在服务促进方面，上海成立外国投资工作领导小组，建立"一站式"服务窗口，此后调整为"单一窗口"，涵盖企业设立、变更、信息报告、通关、外籍人就业和停居留服务等环节促进服务，在形成固定机制后逐步复制推广到全国其他城市。在政策促进方面，中国促进外国投资者的产业政策是全球最为清晰的，这是吸收外国投资者获得成功的关键。典型如中国不断根据全球产业投资趋势，及时调整发布的《中国的外商投资产业指导目录》。在地方层面，上海还探索了以提高外国投资者总部功能促进和研发功能促进为导向的投资促进和便利化机制，例如 2000 年阿尔卡特在上海成立亚太总部后，上海及时捕捉外国投资者经营趋势调整的规律，于2002 年在全国率先出台《上海市鼓励外国跨国公司设立地区总部的暂行规定》，此后每 5 年调整一次，对外国投资者地区总部的投资、贸易、人员、资金、数据等自由化和便利化作出具体安排。

联合国贸易和发展会议、世界银行和经济合作与发展组织 2016 年向G20 贸易投资工作组提交《G20 投资便利化行动方案》草案，各成员国对此反应积极，但受时间限制，G20 未能就草案开展实质性讨论。中国可以将已经形成的丰富和成熟的投资促进和便利化机制，按照《G20 投资便利化行动方案》框架要求，在进一步优化完善、形成机制基础上，借助 RCEP、"一带一路"等区域 IIA 平台加以分享，优化和引领全球投资促进和便利化机制。

## 第三节 RCEP 机遇和上海吸引外资思路

我国已经正式核准《区域全面经济伙伴关系协定》（RCEP），成为率先批准该协定的国家。联合国贸易和发展会议预测，RCEP 投资条款将长期提升该地区投资机遇。同时，协定中涉及商品与服务贸易、知识产权、电子商务的条款将促进贸易便利化、缩减企业交易成本，RCEP 区域在全球外国直接投资中的地位上升，将使上海获得更多投资机会。上海要主动对接 RCEP，推进更高水平开放，充分利用亚洲价值链整合和重构机遇，集聚外资主体，在新发展格局中更好发挥中心节点和战略链接作用。

### 一、RCEP 规则核心和意义

RCEP 协定主要包括货物贸易、服务贸易和投资规则三大块，共 20 个章节，以及 4 个市场准入承诺表，不仅涵盖货物贸易、服务贸易、投资准入等原有"10+1"自贸协定的传统议题，还增加电子商务、知识产权、竞争和政府采购等新议题，又在中小企业、经济技术合作等领域作出加强合作等规定，体现全覆盖、宽领域、高标准的特点。与中国签署的其他自贸协定相比，RCEP 开放度更高，其中，货物贸易方面提出 90% 的关税减让目标、原产地区域累积规则和经核准出口商制度等；投资方面提出分阶段实现以负面清单承诺为基础的行业开放规则；服务贸易方面加大金融、电信、交通、旅游、研发等领域的开放承诺，提出商务访问者、公司内部调动人员等临时入境和居留的规则等。

### （一）RCEP 促成"边境"和"边境后"规则融合

RCEP 作为自由贸易协定，主要目的是通过经贸规则安排，推动 15 个成员国间货物和服务的贸易自由化和便利化。RCEP 包含了 WTO 框架下的"边境"规则，如工业品关税下降、农产品关税下降、数据跨境流动、海关程序等规则，主要集中在第二章货物贸易、第三章原产地规则、第四章海关程序和贸易便利化、第十章投资等章节中，这些条款主要为约束性义务。RCEP 也包括"边境后"规则，如竞争政策、知识产权、政府采购等，但是与 CECAI、CPTPP 相比，知识产权、政府采购、中小企业等条款为不具约束性的"软义务"条款。RCEP 对"边境"和"边境后"规则的融合，体现了在现代化与高质量的区域经济一体化发展要求下，亚洲国家渐进式制度改革的原则和方向。

## （二）RCEP 促成了"包容性"和"高标准"规则融合

RCEP 成员国规模大、覆盖人口多，既包含高收入和中等收入国家，也包含低收入、欠发达国家。RCEP 强调遵循以世贸组织为核心的多边贸易体制规则，在关税减让、市场准入等方面包容成员国发展程度的差异，给予柬埔寨、缅甸等欠发达国家很长的过渡时间，并将通过经济和技术合作条款对欠发达国家提供帮助。RCEP 在强调"包容性"的同时，也不放弃"高标准"。在货物贸易方面，整体开放水平达 90% 以上，承诺立即降低至零关税或 10 年内降至零关税。在投资方面，用负面清单的方式进行投资准入谈判等。RCEP 的"包容性"和"高标准"将有助于各国发挥互补优势，享受自由贸易的红利。

## （三）RCEP 促成了区域内和区域外规则融合

一方面，RCEP 整合了东盟与中国、日本、韩国、澳大利亚、新西兰多个"10+1"自贸协定，以及中、日、韩、澳、新西兰 5 国之间已有的多对自贸伙伴关系，还在中日和日韩间建立新的自贸伙伴关系，促成全球人口数量最多、经济体量最大、贸易规模最大、自贸伙伴最多元的自由市场。另一方面，RCEP 在货物贸易自由化方面，不仅规定成员国之间 90% 的货物贸易将实现零关税，而且规定区域内的原产地累积规则，这种便利将大大提高非成员国企业与亚太区域合作的兴趣，推动亚太与北美、欧盟自由市场链接。

RCEP 更加强调降低货物贸易关税和非关税壁垒、降低投资准入门槛等"边境"规则，特别是在原产地规则和区域累积规则方面更具有宽松性、灵活性和创新性，将在最大程度上降低区域内贸易壁垒，加速东南亚和东亚产业链和供应链互动互补，推动区域内贸易投资增长，加速推动区域经济一体化。联合国贸易和发展会议研究报告表明，到 2025 年，RCEP 将会给15 国成员带来 10% 以上的出口增长。美国彼得森国际经济研究所也做了研究测算，结果是到 2030 年 RCEP 成员国国民收入合计将增长 1860 亿美元，年出口总额预计额外增长 5190 亿美元。总之，RCEP 将为 15 个成员国构建一个开放、包容和有活力的区域性统一市场，也将为我国构建新发展格局提供有力的支撑。

## 二、RCEP 与上海增创投资门户新优势

2020 年，上海吸收 RCEP 成员国外资占上海吸收外资总额的 14.9%。其中，新加坡、日本对上海的直接投资金额占 RCEP 成员国实到外资的97.3%；上海对 RCEP 成员国投资占对外直接投资中方总额的 13.35%，其中对新加坡、印度尼西亚、日本和澳大利亚投资占对 RCEP 成员国投资中方总额的 80.7%。

### （一）RCEP 将进一步增强外商投资对上海的预期

一方面，联合国贸易和发展会议预测，RCEP 投资条款将长期提升该地区投资机遇。同时，协定中涉及商品与服务贸易、知识产权、电子商务的条款将促进贸易便利化、缩减企业交易成本，RCEP 区域在全球外国直接投资中的地位上升，将使上海获得更多投资机会。另一方面，我国在 RCEP 中承诺开放的服务部门数量在入世承诺约 100 个部门基础上，新增研发、管理咨询、制造业相关服务、空运等 22 个部门，并提高金融、法律、建筑、

海运等 37 个部门的承诺水平，RCEP 对服务业的进一步开放，将为上海带来投资创造效应。我国在准入后的相关承诺，也将为"投资上海"营造更加稳定、公平、透明、可预期的营商环境。

### （二）RCEP 将进一步降低上海企业对外投资的门槛

RCEP 采用"负面清单 + 正面清单"的开放承诺方式，日本、韩国等 7 个成员国对于所有类型的服务贸易和投资，均采取"负面清单"的方式承诺；中国、新西兰等 8 个成员国对服务业投资采取正面清单方式承诺，并将于协定生效后 6 年内转化为负面清单。RCEP 15 个成员国均作出更高水平的开放承诺，大幅提高成员国间的政策透明度，减少了投资壁垒，降低了上海企业"走出去"的政策风险，也将进一步助推长三角企业和全国企业通过上海"桥头堡"在 RCEP 区域内布局。同时，随着东南亚国家收入水平的提高，以及承接产业转移带来的配套需求，上海优势的工程承包和地产行业投资机会上升，一方面可加强与长三角区域工程企业在境外经贸合作区建设等方面分工协作，另一方面还可以加强与日本企业在对外工程承包领域的合作，整合双方在技术设备、资金、人才队伍、管理模式等方面的比较优势，共同积极开拓 RCEP 区域基础设施建设市场。

### （三）RCEP 有利于企业"走出去"优化价值链布局

RCEP 成员国之间经济结构高度互补，区域内资本要素、技术要素、劳动力要素齐全。RCEP 将加强与东南亚国家的产业链垂直分工协作，有利于上海企业将部分中低端劳动密集型产业转移到东盟国家，降低投资和生产成本，在区域中进行"强链、固链、补链"的高效布局。同时，上海企业可以将资源集中在附加值、技术含量更高的产业，在品牌、技术、市场渠道等微笑曲线的两端发力，提升上海企业在钢铁、汽车、医药、软件信息、纺织服装等产业区域价值链中的地位。

全球价值链已经深深根植于亚洲，RCEP 对所有 15 个国家的原产地规则进行统一，使得成员国互相成为进出口贸易伙伴，提升亚洲价值链在全球的地位。美国布鲁金斯学会认为，RCEP 不仅使得中国绕过美国针对性关税壁垒，而且将推动中国与日本、韩国等跃升至亚洲价值链高端领域。

**（四）RCEP 有利于在沪跨国公司增强总部营运功能**

RCEP 原产地区域成分累积原则能够满足跨国公司中间产品、最终产品在区域内的流转生产需要，有利于在沪跨国公司在更大范围内统筹离岸和在岸业务发展。同时，上海在物流、研发、营销等价值链服务环节具有比较优势，又拥有我国超大规模市场腹地，有利于进一步吸引跨国公司以上海为总部，统筹区域内投资、生产、经营和管理活动。因此，RCEP 推动的区域价值链调整中，上海有优势吸引和集聚区域产业链龙头企业，形成区域价值链的总部营运功能。

RCEP 除了对上海带来积极影响外，也带来一定投资、产业和功能竞争压力。一是除新加坡、文莱等国 GDP 相对较高外，老挝、越南和印度尼西亚等国的人均 GDP 较低，劳动力、土地等生产要素成本和环保、监管等制度成本也相对较低，对承接制造业产能转移有一定成本优势。再加上 RCEP 的原产地区域成分累积原则进一步推动贸易成本降低，以及中美贸易摩擦的效应惯性，上海纺织服装、玩具五金、电子电器、汽车零部件等产业有转移的可能性。根据上海加工贸易占比情况，2017 年以来，加工贸易出口占比从 40.9% 持续下降到 34.2%，进口保持在 11% 左右，预计上述产业高附加值环节加工制造将保持稳定，低附加值加工制造环节可能有转移风险。但是 2008 年以来，上海附加值低的加工制造环节基本完成转移，因此 RCEP 带来的总体贸易投资转移效应有限。二是 RCEP 的签署有利于进一步降低企业贸易采购成本，有利于跨国公司发展离岸贸易。新加坡和 RCEP 成员国之间都有自贸协定，作为区域供应链的关键环节，RCEP 将一步强化新加坡在区域中的贸易地位。由于上海转口贸易、离岸贸易发展一直未有突破性进展，而新加坡具有的低税率、外汇收付、融资汇兑自由等优势，有可能会加速吸引迫切发展离岸贸易的企业，给上海发展离岸贸易业务带来竞争挑战。

### 三、推动上海增创投资门户新优势的对策措施

通过对接、对标 RCEP、CECAI、CPTPP 等国际协定，从发挥 RCEP 积极效应、推动"边境"规则改革与优化、率先探索"边境后"规则改革三个维度，提出以下措施建议。

#### （一）提升上海区域价值链中心地位

##### 1. 加强双向投资促进力度

加大对新加坡、日本、韩国等 RCEP 发达经济体及欧盟的引资力度，全面提高投资促进和企业服务水平，进一步吸引日本、新加坡、韩国等 RCEP 区域发达经济体以及欧盟各国加大在上海的投资力度，特别是抓住 RCEP 框架下中日首次建立自贸关系的契机，全方位加强对日合作；支持企业"走出去"完善产业链布局，支持纺织服装、玩具五金、电子电器、汽车零部件等部分出口导向型的中低端劳动密集型产业逐步向土地、劳动力成本更低的成员国转移。加强与长三角城市在境外经贸合作区设施建设、产业转移等联动发展，探索与日、韩、新等国企业共同开展园区、港口、道路等基础设施建设运营。

##### 2. 实施"总部增能计划"吸引和培育总部企业

推动跨国公司地区总部增能，支持外资企业积极参与区域价值链重构，在沪设立财资中心、销售中心、采购中心、供应链管理中心、共享服务中心等功能性机构，鼓励跨国公司地区总部在上海集聚，推动总部企业由单一管理功能向叠加新型贸易、投资决策、资金管理、全球维修等多功能升级；培育和集聚高能级本土跨国公司，充分发挥上海在金融、保险、咨询等专业服务发达优势和服务长三角和全国企业"走出去"的重要跳板作用，培育、集聚一批具有较强核心竞争力的本土跨国公司总部，提升上海在 RCEP 区域价值链中的中心地位。

## （二）持续推动"边境"规则改革与优化

### 1. 促进投资自由便利

加大开放压力测试力度，建立国际通行的穿透式外资管理模式，完善以负面清单管理为核心的投资管理制度，探索高标准外资准入后国民待遇的实施路径。推动重点领域市场开放措施率先落地，积极争取 CECAI 中方承诺进一步开放的医疗健康、电信／云服务、科技研发（生物资源）、金融保险、环境服务、商业服务、国际海事运输等领域措施在临港新片区先行先试。完善外商投资保护机制，对接 RCEP 关于公平公正待遇、征收、外汇转移、损失补偿等投资保护条款，依法保障外资企业合法权益；探索投资争议解决机制试点，对接 RCEP 争端预防和外商投诉的协调解决等投资便利化条款，对标 CECAI、CPTPP 投资争端解决机制的相关安排，研究上海市政府部门与外国投资者争议解决新机制。

### 2. 促进人员进出自由便利

实施更加积极的人才政策和更加便利的商务人员往来措施，吸引更多创新人才、高端专业人才集聚上海。实施更为灵活的自然人临时移动管理，细化 RCEP 自然人临时移动承诺，扩大自然人临时移动人员类型，对接 CECAI 规则，取消对公司内部流动人员临时入境的数量限制，不进行劳动力市场测试或其他类似程序；探索境外人员临时和短期执业许可制度，对标 CPTPP 自然人移动条款，探索境外人员临时执业许可制度、境外人才专业资格单向认可、允许符合条件的境外律师提供民商事服务、实施商务人士短期入境制度等。

## （三）率先探索"边境后"规则改革

### 1. 强化竞争政策基础性地位

实质性打破市场垄断与行政垄断，全面实现在要素获取、准入许可、经营运行和招投标等方面对各类所有制企业平等对待。加强竞争政策执法，进一步落实竞争中性原则，在实施政府支持企业发展的政策措施时，依法平等对待外商投资企业，加强对滥用市场支配地位反垄断执法，平等保护境内外经营主体。发挥财政政策正向引导激励作用，对接 RCEP、CECAI、CPTPP 有关公平竞争的规则内容，充分发挥财政政策对公共服务、技术研发、中小微企业创新、绿色生态、公共基础设施、人才培养等方面的支持作用。

### 2. 加大知识产权保护力度

加强知识产权司法保护，在范围、深度、力度以及法律介入程度等方面，全面实现与 RCEP、CECAI、CPTPP 高标准适度平衡的知识产权保护体系。实施更高标准的知识产权保护，扩大知识产权保护的适用范围，放宽可注册商标要素范围承诺，允许气味等非可视物注册商标，完善知识产权边境保护制度。依托国际化平台强化 RCEP 知识产权合作交流，加快筹建中国（上海）知识产权保护中心，开展 RCEP 知识产权司法交流，打造 RCEP 知识产权替代性争端解决优选城市。

### 3. 加快推进政府采购制度改革

坚持公开透明、公平竞争原则，营造各类所有制企业公平参与政府采购的市场环境。提高政府采购的透明度和效率，对标 CPTPP 政府采购条款的高标准，建立公共资源交易平台，纳入商品、服务、工程等各类公共资源，建立政府采购信息常态化公示制度，明确准入条件、采购方式、招标方式、项目申请、预算安排、资金结算和监督检查、法律责任等安排；探索境外企业参与政府采购制度，对标 CPTPP 政府采购条款，争取在自贸试验区和临港新片区试点境外企业参与政府采购项目负面清单管理模式，对清单外项目，允许境外企业平等参与当地政府采购投标。

### 4. 聚焦可持续发展

对接 CECAI 可持续发展章节中有关投资中的环境和劳工保护内容，建立完善引领高水平可持续发展的制度安排。完善主动适应国际标准的劳动制度，对标 CECAI 劳工条款具体承诺，进一步加强劳动监察执法，鼓励企业完善人力资源管理制度，包括核心劳工标准、工时和工资、健康与安全等，保护劳动者的合法权益；深化环境保护社会参与机制，对标 CECAI 环境和气候的承诺，制定环境绩效企业社会责任办法，鼓励上海市企业、协会、非政府组织参与环境相关行业标准的编制和修订。

## 第四节　临港新片区负面清单制度研究

临港新片区挂牌以来，以"五个重要"为统领，认真落实《中国（上海）自由贸易试验区临港新片区总体方案》等文件，按照"实施公平竞争的投资经营便利"和"实施高标准的贸易自由化"的要求，在投资领域先行先试，率先建立同国际投资通行规则相衔接的制度体系。成立以来，临港新片区投资领域制度创新成效明显，企业设立数量、实际利用外资金额大幅增长，改革取得显著成效。对标国际最高标准与最好水平，临港还需全面落实 RCEP，紧抓 CECAI 开放承诺给上海创造的制度开放"窗口期"，尤其是为上海、我国进一步完善负面清单管理制度，为我国加入 CPTPP 进行更大强度压力测试。

### 一、上海自贸试验区负面清单实施效果

#### （一）市场准入门槛大幅降低

历经 6 次修订，自贸试验区负面清单越来越短，服务业对外开放范围不断扩大。从特别管理措施数量看，2013 版负面清单中共有 95 条服务业特别管理措施，而 2020 版负面清单中仅有 23 条涉及服务业，累计缩减了 72 条。从具体行业看，房地产业，水利、环境和公共设施管理业，金融业分别于 2015 年、2019 年、2020 年实现对外资的全面放开（见表 3-1）。批发和零售业，交通运输、软件和信息技术服务业以及租赁和商务服务业的开放水平大大提高。

表 3-1　上海自贸试验区服务业特别管理措施（负面清单）数量情况

| 行　　业 | 2013 | 2014 | 2015 | 2017 | 2018 | 2019 | 2020 |
|---|---|---|---|---|---|---|---|
| 批发和零售业 | 13 | 9 | 4 | 4 | 1 | 1 | 1 |
| 交通运输、仓储和邮政业 | 21 | 15 | 19 | 11 | 7 | 6 | 4 |
| 信息传输、软件和信息技术服务业 | 8 | 8 | 4 | 4 | 2 | 2 | 2 |
| 金融业 | 5 | 4 | 14 | 13 | 3 | 3 | 0 |
| 房地产业 | 4 | 3 | 0 | 0 | 0 | 0 | 0 |
| 租赁和商务服务业 | 13 | 9 | 9 | 5 | 3 | 3 | 3 |
| 科学研究和技术服务业 | 12 | 4 | 4 | 4 | 3 | 3 | 3 |
| 水利、环境和公共设施管理业 | 3 | 3 | 2 | 2 | 1 | 0 | 0 |
| 教　　育 | 3 | 3 | 2 | 2 | 2 | 2 | 2 |
| 卫生和社会工作 | 1 | 1 | 1 | 1 | 1 | 1 | 1 |
| 文化、体育和娱乐业 | 12 | 8 | 24 | 21 | 8 | 7 | 7 |
| 合　　计 | 95 | 67 | 83 | 76 | 31 | 28 | 23 |

**（二）扩大开放领域实现突破**

2013 年以来，上海自贸试验区积极推动 54 项扩大开放措施首个项目落地和负面清单新开放领域实现零的突破，更好发挥标杆示范作用。在 50 个服务业扩大开放领域实现一批全国首创项目落地。包括首家外资游戏游艺企业——上海百家合信息技术发展有限公司、首家外商独资国际船舶管理公司——上海润元船舶管理有限公司、首家外商独资演出经纪公司——南中（上海）文化传播有限公司、首家试点民营银行——上海华瑞银行股份有限公司、首家中外合资国际医院——上海企华医院有限公司等。并在医疗服务、增值电信、国际船舶管理、职业技能培训、演出经纪、旅游服务、外资工程设计等已开放领域，由点及面，引进一批领军企业，形成集聚效应。

**(三) 部分开放领域形成外资规模效应**

伴随融资租赁、网络销售、工程设计等外资较为关注的领域逐步放开，上海自贸试验区成功引进大批外资项目，规模效应逐步显现。截至2019年第三季度，首批23项服务业扩大开放措施累计落地企业1930家。其中，"允许融资租赁公司兼营与主营业务有关的商业保理业务"落地企业1319家，占总数的68%。第二批14项服务业扩大开放措施累计落地企业1169家。其中，"取消对外商投资邮购和一般商品网上销售的限制"落地企业924家，占总数的79%。54项扩大开放措施累计落地项目数超过3200个。

根据6轮特别管理措施（负面清单）实施效果来看，围绕外资较为关注的金融、电信、文化、教育、先进制造等重点领域，上海自贸试验区通过缩减负面清单条目、实施专项扩大开放措施，逐步破除外资准入壁垒，推动一批首创性项目在自贸试验区和临港新片区涌现，实现中美经贸摩擦和疫情双重影响下外资规模化增长。

**二、临港新片区负面清单制定的总体原则**

**(一) 围绕《总体方案》和《行动方案》产业发展目标**

一是根据《国务院关于印发〈中国（上海）自由贸易试验区临港新片区总体方案〉的通知》（国发〔2019〕15号），"在电信、保险、证券、科研和技术服务、教育、卫生等重点领域加大对外开放力度，放宽注册资本、投资方式等限制，促进各类市场主体公平竞争"。二是根据《关于以"五个重要"为统领加快临港新片区建设的行动方案（2020—2022年）》，"打造世界级前沿产业集群。对符合条件的集成电路、人工智能、生物医药、民用航空等关键领域、核心环节生产研发企业，落实自设立之日起5年内减按15%税率征收企业所得税的政策"；"着力提升空港海港服务能级，增强高端航运服务功能";"加快商文体旅融合发展,构建多层次全覆盖的教育体系"。

**(二)围绕战略性重点产业推进**

参考《海南自由贸易港建设总体方案》,将"对外资全面实行准入前国民待遇加负面清单管理制度。深化现代农业、高新技术产业、现代服务业对外开放,在种业、医疗、教育、旅游、电信、互联网、文化、金融、航空、海洋经济、新能源汽车制造等重点领域加大开放力度"。"发挥国家南繁科研育种基地优势,建设全球热带农业中心和全球动植物种质资源引进中转基地。"海南在外资准入方面,与其他自贸试验区最大的区别是提出农业领域的开放,一方面与海南在种植业上的优势相关,另一方面又体现了海南在推动我国农业国际合作的战略布局,在海南构建全价值链、全产业链的"一带一路"种业开放先行区,保障种业安全,对接融入"一带一路"倡议。基于以上目标,海南正在加快推动海南版负面清单的制定,主要集中在种业领域的开放突破,取消小麦、玉米新品种选育,中国稀有和特有的珍贵优良品种的研发、养殖,以及农作物、种畜禽、水产苗种转基因品种选育限制和禁止准入。由于农业开放的事权在国家层面,海南省负责负面清单制定,以提供给国家参考建议。

因此,应一方面根据《总体方案》和《行动方案》要求,努力实现临港新片区到2025年,建立比较成熟的投资贸易自由化便利化制度体系,打造一批更高开放度的功能型平台,集聚一批世界一流企业,区域创造力和竞争力显著增强,经济实力和经济总量大幅跃升;到2035年,建成具有较强国际市场影响力和竞争力的特殊经济功能区,形成更加成熟定型的制度成果,打造全球高端资源要素配置的核心功能,成为我国深度融入经济全球化的重要载体的发展目标。另一方面可以借鉴海南,围绕总体方案开放的领域,划分优先级,分布推进。因此,建议聚焦上海有产业基础和优势的重点领域,如民用航空、高端航运、教育、生物医药、文体娱乐等领域进行优先推动开放，抓紧抓早，成熟一项、推出一项、落实一项，确保高质量落地，发挥扩大开放的最大效益。

### 三、临港新片区负面清单改进的行业依据和建议

#### （一）航空运输业

根据《行动方案》中加速建设民用航空产业集聚区"大飞机园"要求，参照《内地与香港关于建立更紧密经贸关系的安排》（CEPA）框架下香港服务提供者在航空运输业享受的优惠待遇，结合国际上对航空运输业中民用航空领域的开放趋势，建议临港新片区加快推动对民用航空领域的外资开放。

#### 1. 现有规定

根据《外商投资准入特别管理措施（负面清单）》（2020 年版）及《自由贸易试验区外商投资准入特别管理措施（负面清单）》（2020 年版）规定，一是公共航空运输公司由中方控股，且一家外商及其关联企业投资比例不得超过 25%，法定代表人须由中国籍公民担任。二是民用机场的建设、经营须由中方相对控股。外方不得参与建设、运营机场塔台。

#### 2. 改进依据

（1）产业发展依据。根据《行动方案》："加快集成电路、生物医药、智能汽车、民用航空专业园区规划建设"；"围绕发展大型客机、航空发动机、卫星制造等重点领域，聚焦总装试飞、装机配套、航空材料等关键环节，加速民用航空产业集聚区'大飞机园'建设"。

（2）国际惯例依据。根据经济合作与发展组织（OECD）统计的 2018 年全球国家航空运输业外商直接投资限制指数，OECD 国家平均指数为 0.344，中国航空运输业外商直接投资限制指数为 0.750，属较不开放，与日本（0.650）和美国（0.650）较为接近（见表 3-2）。

表 3-2　2018 年经济合作与发展组织（OECD）部分国家航空运输业 FDI 限制指数

| 国　家 | 航空运输业 FDI 限制指数 | 国　家 | 航空运输业 FDI 限制指数 |
|---|---|---|---|
| OECD 国家均值 | 0.344 | 新西兰 | 0.390 |
| 澳大利亚 | 0.455 | 美　国 | 0.650 |
| 加拿大 | 0.545 | 中　国 | 0.750 |
| 智　利 | 0.575 | 马来西亚 | 0.438 |
| 日　本 | 0.650 | 秘　鲁 | 0.625 |
| 墨西哥 | 0.550 | 越　南 | 0.576 |

数据来源：经济合作与发展组织数据库。

从全球来看，各国对于航空运输业的开放程度普遍较低，主要通过对民用航空领域减少外资准入限制，提高航空运输业的开放水平。在经济合作与发展组织部分国家中仅有墨西哥对该领域外商投资作出限制，其余各国均无限制：根据《美墨加自由贸易协定》（USMCA）及《全面与进步跨太平洋伙伴关系协定》（CPTPP），墨西哥规定只有墨西哥企业才能被相关部门授予建造、运营机场和直升机场的特许权。若外国投资者直接或间接拥有在墨西哥境内设立或拟设立企业 49% 以上所有者权益，且该企业为机场公共服务的特许权所有人或许可证持有人，则需要相关部门从考虑国家和技术的发展以及保护国家主权完整角度作出决定。总体而言，我国在航空以及民用航空领域的外资准入是相对严格的。

（3）现有经验依据

根据《外商投资民用航空业规定》（国家民用航空总局、对外贸易经济合作部、国家发展计划委员会令 2002 年第 110 号）及《外商投资民用航空业规定》的补充规定（国家民航总局、商务部、国家发展和改革委员会令 2004 年第 139 号；国家民航总局、商务部、国家发展和改革委员会令 2007

年第 174 号；国家民航总局、商务部、国家发展和改革委员会令第 205 号；国家民航总局、商务部、国家发展和改革委员会令第 206 号；中国交通运输部令 2016 年第 53 号和中国交通运输部令 2016 年第 54 号），允许和限制外商在航空航天运输业的投资领域，及外商投资方式，具体规定如下：一是中国规定外商投资民航业的范围包括民用机场、公共航天运输企业、通用航天企业和航空运输相关项目，禁止外商投资和管理空中交通管制系统。二是外商在民航业的投资方式包括：合资、合作经营；购买民航企业的股份，包括民航企业在境外发行的股票以及在境内发行的上市外资股；其他经批准的投资方式。三是外商投资的合营企业经营期限一般不超过 30 年。上述规章是对负面清单中涉及航空航天运输业内容进行进一步细分、说明及补充，表明我国对航空航天运输业的外资进入把控较为严格，临港新片区特别管理措施（负面清单）可以从民用机场领域进行探索。

根据《外商投资民用航空业规定》及《外商投资民用航空业规定》的补充规定：一是中国规定外商投资民用机场，应当由中方相对控股。二是外商投资的民用机场企业，其航空业务收费执行国家统一标准，非航空业务收费标准由企业商请当地物价部门确定。三是允许香港、澳门服务提供者以合作、合资或独资形式提供中小机场委托管理服务，合同有效期不超过 20 年。四是允许香港、澳门服务提供者以合作、合资或独资形式提供机场管理培训、咨询服务。五是提供机场管理服务的澳门服务提供者如果是航空公司的关联企业，还应适用内地有关法规、规章。

根据《CEPA 扩大开放磋商纪要》（2004 年 8 月 27 日签署）中的附件二：《对香港服务贸易领域扩大开放的具体内容》，允许香港服务提供者以跨境交付、合营或独资形式提供中小机场委托管理服务，合同有效期不超过 20 年。允许香港服务提供者以跨境支付、境外消费、合营或独资形式提供机场管理培训、咨询服务。上述规章对负面清单规定内容进行补充，细分了香港、澳门投资者在民用机场领域的投资限制。

### 3. 改进建议

结合国外协定及现有经验，建议允许外商参与建设、运营机场塔台，删除负面清单内对该领域的限制。允许外国投资者以合作、合资形式提供中小机场委托管理服务、机场管理培训及咨询服务，合同有效期不超过 20 年。

### （二）水上运输业

根据《行动方案》中"积极发展高端航运服务业"要求，参照《国务院关于在中国（海南）自由贸易试验区暂时调整实施有关行政法规规定的通知》（国函〔2020〕88 号）中在水上运输业对外开放的先行先试，结合国际上对水上运输业的开放趋势，建议临港新片区加快推动对高端航运领域的外资开放。

### 1. 现有规定

一是根据《外商投资准入特别管理措施（负面清单）》(2020 年版) 及《自由贸易试验区外商投资准入特别管理措施（负面清单）》(2020 年版) 规定，国内水上运输公司须由中方控股。

二是《自由贸易试验区外商投资准入特别管理措施（负面清单）》(2020 年版) 中还详细规定外商不得经营或租用中国籍船舶或者舱位等方式变相经营国内水路运输业务及其辅助业务；水路运输经营者不得使用外国籍船舶经营国内水路运输业务，但经中国政府批准，在国内没有能够满足所申请运输要求的中国籍船舶，并且船舶停靠的港口或者水域为对外开放的港口或者水域的情况下，水路运输经营者可以在中国政府规定的期限或者航次内，临时使用外国籍船舶经营中国港口之间的海上运输和拖航。

### 2. 改进依据

（1）产业发展依据。根据《行动方案》："着力提升空港海港服务能级。发展国际中转集拼业务，搭建国际中转集拼服务中心，提升港口综合服务能力，增强国际航运综合枢纽功能。"

（2）国际惯例依据。根据经济合作与发展组织（OECD）统计的 2018

年全球国家水上运输业外商直接投资限制指数，OECD 国家平均指数为 0.248，中国水上运输业外商直接投资限制指数为 0.420，属较不开放，与墨西哥（0.550）和智利（0.600）较为接近，美国为 1，水上运输业对外商投资完全不予开放（见表 3-3）。

表 3-3　2018 年经济合作与发展组织部分国家（OECD）水上运输业 FDI 限制指数

| 国　家 | 水上运输业 FDI 限制指数 | 国　家 | 水上运输业 FDI 限制指数 |
|---|---|---|---|
| OECD 国家均值 | 0.248 | 新西兰 | 0.240 |
| 澳大利亚 | 0.250 | 美　国 | 1 |
| 加拿大 | 0.095 | 中　国 | 0.420 |
| 智　利 | 0.600 | 马来西亚 | 0.300 |
| 日　本 | 0.150 | 秘　鲁 | 0.625 |
| 墨西哥 | 0.550 | 越　南 | 0.658 |

数据来源：经济合作与发展组织数据库。

从全球来看，各国对于水上运输业的开放程度普遍较低，但我国在该领域的开放程度仍低于 OECD 国家平均水平。

（3）现有经验依据

根据《中华人民共和国国际海运条例》（国务院令 2001 年第 335 号，根据 2019 年 3 月 2 日《国务院关于修改部分行政法规的决定》修正）：一是外国国际船舶运输经营者不得经营中国港口之间的船舶运输业务，也不得利用租用的中国籍船舶或者舱位，或者以互换舱位等方式变相经营中国港口之间的船舶运输业务。二是外国国际船舶运输经营者未经国务院交通主管部门批准，不得经营中国内地与香港特别行政区、澳门特别行政区之间的船舶运输业务，不得经营中国内地与台湾地区之间的双向直航和经第三地的船舶运输业务。三是外国国际船舶运输经营者以及外国国际海运辅助企业在中国境内设立的常驻代表机构，不得从事经营活动。

根据《中华人民共和国国际海运条例实施细则》（2019 年第二次修正，交通运输部令 2019 年第 41 号），一是外国国际船舶运输经营者以及外国国际海运辅助企业的常驻代表机构不得从事经营活动，包括不得：代表其境外母公司接受订舱，签发母公司提单或者相关单证；为母公司办理结算或者收取运费及其他费用；开具境外母公司的票据；以托运人身份向国际班轮运输经营者托运货物；以外商常驻代表机构名义与客户签订业务合同。二是在中国港口开展国际班轮运输业务的外国国际船舶运输经营者，以及在中国委托代理人提供进出中国港口国际货物运输服务的外国无船承运业务经营者，应当在中国境内委托一个联络机构，负责代表该外国企业与中国政府有关部门就《海运条例》和本实施细则规定的有关管理及法律事宜进行联络。联络机构可以是该外国企业在中国境内设立的外商投资企业或者常驻代表机构，也可以是其他中国企业法人或者在中国境内有固定住所的其他经济组织。上述规章是对负面清单包含内容进行说明，并补充清单以外的规定，限制外国投资水上运输公司在中国境内经营业务，说明我国在水上运输领域对外资进入限制严格。

### 3. 改进建议

结合国外协定及现有经验，建议：一是总体原则仍然保持对外商投资在该领域的限制及要求，与国外各国相似，对水上运输业的外资开放持保守、谨慎态度。二是具体建议是对标《国务院关于在中国（海南）自由贸易试验区暂时调整实施有关行政法规规定的通知》（国函〔2020〕88 号），允许仅涉及临港新片区港口的外籍邮轮运营多点挂靠航线业务。基于海域情况及临港国际邮轮发展状况，在五星红旗邮轮投入运营前，允许中资邮轮运输经营主体在临港开展中资方便旗邮轮海上游业务。组织相关部门依职责落实监管责任，加强对试点经营主体和邮轮运营的监管。

### （三）教育服务

根据《行动方案》中"构建多层次全覆盖的教育体系"要求，参照《海南自由贸易港建设总体方案》中允许境外部分高水平大学设立国际学校，结合国际上对教育服务领域的开放趋势，建议临港新片区加快推动对教育服务领域的外资开放。

**1. 现有规定**

根据《外商投资准入特别管理措施（负面清单）》（2020 年版）及《自由贸易试验区外商投资准入特别管理措施（负面清单）》（2020 年版），学前、普通高中和高等教育机构限于中外合作办学，须由中方主导（校长或者主要行政负责人应当具有中国国籍，理事会、董事会或者联合管理委员会的中方组成人员不得少于 1/2）。外国教育机构、其他组织或者个人不得单独设立以中国公民为主要招生对象的学校及其他教育机构（不包括非学制类职业技能培训），但是外国教育机构可以同中国教育机构合作举办以中国公民为主要招生对象的教育机构。

**2. 改进依据**

（1）产业发展依据。根据《行动方案》："构建多层次全覆盖的教育体系。引进优质教育集团在临港新片区开办分校或合作办学，推动义务教育阶段学区化、集团化办学全覆盖。"

（2）国际惯例依据。从全球来看，各国在教育服务领域的开放程度较为一般，对该领域的外资进入主要通过区别国民待遇、限制市场准入、限定高级管理人员和董事会等加以限制，如：根据《美墨加自由贸易协定》（USMCA），墨西哥规定外国投资者直接或间接拥有在墨西哥境内提供学前、小学、中学、高中、高等教育和综合私立教育服务的企业不超过 49%以上的所有权权益。根据《日欧经济伙伴关系协定》（EPA），日本规定高等教育服务必须由正规教育机构提供，正规教育机构必须由学校法人设立。根据《全面与进步跨太平洋伙伴关系协定》（CPTPP），文莱规定外国个人和企业不得通过文莱商业机构提供高等教育服务，除非在文莱境内设立合资企业，外资持股比例不得超过51%，且董事会大部分管理人员为文莱国民。

（3）现有经验依据

根据《中外合作办学条例》（国务院令2003年第372号，根据2019年3月2日《国务院关于修改部分行政法规的决定》修正）：一是外国教育机构或个人不得在中国境内单独设立教育机构，仅可通过与中方进行中外合作办学以提供教育服务，但不得提供实施义务教育、军事、警察、政治、宗教等特殊性质教育服务。二是中外合作办学机构的负责人为中国国籍且在中国境内定居。三是中外合作办学机构的董事会成员不少于5人且中方组成人员不得少于50%，其中1/3以上组成人员应当具有5年以上教育教学经验，人员名单应当报审批机关备案。该规章在负面清单基础上，详细规定了中外合作办学机构董事会组成人员应当符合的条件。

**3. 改进建议**

结合国外协定及我国现有经验，建议：借鉴《海南自由贸易港建设总体方案》中"允许境外理工农医类高水平大学、职业院校在海南自由贸易港独立办学，设立国际学校"等对教育领域的开放，加之目前对职业院校的外商投资并未完全放开，建议允许境外工医类高水平大学、职业院校在临港新片区内独立办学，设立国际学校。

**（四）科学研究和技术服务业**

根据《行动方案》中"培育上海生物医药产业集聚发展新动能"要求，结合国际上对生物医药领域的开放趋势，建议临港新片区加快推动对生物医药领域的外资开放。

**1. 现有规定**

根据《外商投资准入特别管理措施（负面清单）》（2020年版）及《自由贸易试验区外商投资准入特别管理措施（负面清单）》（2020年版），禁止外商投资人体干细胞、基因诊断与治疗技术开发和应用。

**2. 改进依据**

根据《行动方案》:"打造'生命蓝湾'全新品牌,培育上海生物医药产业集聚发展的新动能、新高地。"

从全球来看,各国在生物医药领域的开放程度普遍较高,在经济合作与发展组织部分国家中,仅有日本对该领域外商投资作出限制。根据《日欧经济伙伴关系协定》(EPA),日本在生物制剂制造业对于外资准入实行事先审查,有意投资生产疫苗、血清、抗毒素以及与上述产品或血液制品类似制剂的外国投资者,应事先通知相关部门并接受筛选,根据筛选结果,投资者可能被要求改变投资内容或停止投资过程。

**3. 改进建议**

结合国外协定及现有经验,建议允许外商投资人体干细胞、基因诊断与治疗技术开发和应用,该领域的外商投资限于合资、合作。有意投资人体干细胞、基因诊断与治疗技术开发和应用的外国投资者,应事先通知相关部门并接受审批。

**(五)文化、体育和娱乐业**

根据《行动方案》中"加快商文体旅融合发展"要求,考虑国内各部门规章制度对电影制作领域的限制有所放松,结合国际上对文体娱乐领域的开放趋势,建议临港新片区加快推动对电影制作领域的外资开放。

**1. 现有规定**

根据《外商投资准入特别管理措施(负面清单)》(2020年版)及《自由贸易试验区外商投资准入特别管理措施(负面清单)》(2020年版),禁止投资电影制作公司、发行公司、院线公司以及电影引进业务(但经批准,允许中外企业合作摄制电影)。

**2. 改进依据**

(1)产业发展依据

根据《行动方案》:"加快商文体旅融合发展。加快打造符合临港新片区特点、具有国际特色的文化体育休闲旅游目的地。"

（2）国际惯例依据

从全球来看，各国在电影领域的开放程度普遍较高，在经济合作与发展组织国家中，仅有墨西哥和越南对该领域外商投资作出限制。根据《美墨加自由贸易协定》（USMCA），墨西哥规定外商投资放映单位应预留全国电影放映总放映时间的10%。根据《全面与进步跨太平洋伙伴关系协定》（CPTPP），越南规定外国投资提供电影制作、发行和放映服务，除通过与合法授权提供此类服务的越南合作伙伴签订商业合作合同或成立合资企业，或购买合法授权提供此类服务的越南企业的股份外，不得设立外商独资企业。合营企业或者购买企业股份的，外国参股比例不得超过51%。对于电影放映服务，外国组织和个人不得与越南的文化之家、公共电影院俱乐部和协会、移动放映队或临时电影放映场所的所有者或经营者签订商业合作合同或合资企业。电影院必须在国家重大纪念日放映越南电影。外商投资放映单位，放映越南影片占总影片的比例每年不得少于20%。电影院应在18:00至22:00之间放映至少一部越南电影。

（3）现有经验依据

根据《营业性演出管理条例》（国务院令2005年第439号公布，根据2016年2月6日国务院令第666号《国务院关于修改部分行政法规的决定》第三次修订）：一是外国投资者可以与中国投资者依法设立中外合资经营、中外合作经营的演出经纪机构、演出场所经营单位；不得设立中外合资经营、中外合作经营、外资经营的文艺表演团体，不得设立外资经营的演出经纪机构、演出场所经营单位。二是设立中外合资经营的演出经纪机构、演出场所经营单位，中国合营者的投资比例应当不低于51%；设立中外合作经营的演出经纪机构、演出场所经营单位，中国合作者应当拥有经营主导权。三是设立中外合资经营、中外合作经营的演出经纪机构、演出场所经营单位，应当依照有关外商投资的法律、法规的规定办理审批手续。

根据《国务院关于在自由贸易试验区暂时调整实施有关行政法规规定的通知》（国函〔2020〕8号），在自由贸易试验区内"暂时调整实施相关内容，允许外国投资者、台湾地区的投资者设立独资演出经纪机构；允许设立中外合资经营的文艺表演团体（须由中方控股）；允许台湾地区的投资者设立合资经营的文艺表演团体（须由大陆合作者控股）"。

根据《国务院关于同意在北京市暂时调整实施有关行政法规和经国务院批准的部门规章规定的批复》（国函〔2019〕111号），在北京市内"选择文化娱乐业聚集的特定区域，允许外商投资设立演出场所经营单位，不设投资比例的限制"；"选择文化娱乐业聚集的特定区域，允许设立外商独资演出经纪机构，并在全国范围内提供服务"。上述规章说明我国对于娱乐业外资准入趋于开放，以自贸试验区及北京特定文化娱乐业聚集区域为试点，尤其是北京对外商投资设立演出场所经营单位，已不设投资比例的限制。

根据《电影管理条例》（国务院令2001年第342号）：一是电影制片单位经国务院广播电影电视行政部门批准，可以与境外电影制片者合作摄制电影片；其他单位和个人不得与境外电影制片者合作摄制电影片。二是境外组织或者个人不得在中华人民共和国境内独立从事电影片摄制活动。三是国家允许以中外合资或者中外合作的方式建设、改造电影院。

根据《外商投资电影院暂行规定》（国家广播电视总局、商务部、文化部令2003年第21号，根据2015年8月28日《关于修订部分规章和规范性文件的决定》修订）：一是外商不得设立独资电影院，不得组建电影院线公司。二是外商投资电影院应当符合以下条件：符合当地文化设施的布局与规划；有固定的营业（放映）场所；中外合资电影院，合营中方在注册资本中的投资比例不得低于51%；对全国试点城市：北京、上海、广州、成都、西安、武汉、南京市中外合资电影院，合营外方在注册资本中的投资比例最高不得超过75%；合资、合作期限不超过30年；符合中国有关法律、法规及有关规定。三是自2004年1月1日起，允许香港、澳门服务提供者在内地以合资、合作的形式建设、改造及经营电影院。允许香港、澳门服务提供者拥有多数股权，但不得超过 75%。

根据《〈外商投资电影院暂行规定〉的补充规定》(国家广播电视总局、商务部、文化部令 2005 年第 49 号)：一是自 2005 年 1 月 1 日起，允许香港、澳门服务提供者在内地以合资、合作或独资的形式建设、改造及经营电影院。二是香港、澳门服务提供者在内地投资电影院的其他规定，仍按照《外商投资电影院暂行规定》执行。

根据《〈外商投资电影院暂行规定〉的补充规定二》(国家广播电视总局、商务部、文化部令 2006 年第 51 号)：一是自 2006 年 1 月 1 日起，允许香港、澳门服务提供者在内地设立的独资公司，在多个地点新建或改建多间电影院，经营电影放映业务。二是香港、澳门服务提供者在内地投资电影院的其他规定，仍按照《外商投资电影院暂行规定》及《〈外商投资电影院暂行规定〉的补充规定》(国家广播电影电视总局、商务部、文化部令 2005 年第 49 号) 执行。

根据《电影企业经营资格准入暂行规定》(2015 年修订，国家新闻出版广电总局令第 3 号)：一是允许境内公司、企业和其他经济组织与境外公司、企业和其他经济组织合资、合作设立电影制片公司 (以下简称合营公司)，外资在注册资本中的比例不得超过 49%。二是允许中方与外方合资、合作设立电影技术公司，改造电影制片、放映基础设施和技术设备，外资在注册资本中的比例不得超过 49%，经国家批准的省市可以控股。

### 3. 改进建议

上述规章说明了我国对于娱乐业趋于开放，特别是电影放映产业，从禁止外商投资电影制作公司、发行公司、院线公司以及电影引进业务到目前规定外商投资提供电影放映业务公司持股比例不超过 75%。结合国外协定及现有经验，建议由禁止成立外商投资电影制作公司转为允许成立外商合资电影制作公司。

## 四、临港新片区负面清单调整建议[1]

表 3-4　调整后临港新片区负面清单

| 序号 | 特别管理措施 | 与《自由贸易试验区外商投资准入特别管理措施（负面清单）》（2020 年版）相比 |
|---|---|---|
| | 一、农、林、牧、渔业 | |
| 1 | 小麦、玉米新品种选育和种子生产的中方股比不低于 34%。 | |
| 2 | 禁止投资中国稀有和特有的珍贵优良品种的研发、养殖、种植以及相关繁殖材料的生产（包括种植业、畜牧业、水产业的优良基因）。 | |
| 3 | 禁止投资农作物、种畜禽、水产苗种转基因品种选育及其转基因种子（苗）生产。 | |
| | 二、采矿业 | |
| 4 | 禁止投资稀土、放射性矿产、钨勘查、开采及选矿须由中方控股。（未经允许，禁止进入稀土矿区或取得矿山地质资料、矿石样品及生产工艺技术。） | |
| | 三、电力、热力、燃气及水生产和供应业 | |
| 5 | 核电站的建设、经营须由中方控股。 | |
| | 四、批发和零售业 | |
| 6 | 禁止投资烟叶、卷烟、复烤烟叶及其他烟草制品的批发、零售。 | |
| | 五、交通运输、仓储和邮政业 | |
| 7 | 国内水上运输公司须由中方控股。（且不得经营或租用中国籍船舶或者舱位等方式变相经营国内水路运输业务及其辅助业务；水路运输经营者不得使用外国籍船舶经营国内水路运输业务，但经中国政府批准，在国内没有能够满足所申请运输要求的中国籍船舶，并且船舶停靠的港口或者水域为对外开放的港口或者水域的情况下，水路运输经营者可以在中国政府规定的期限或者航次内，临时使用外国籍船舶经营中国港口之间的海上运输和拖航。允许仅涉及临港新片区港口的外籍邮轮运营多点挂靠航线业务。） | 新增允许仅涉及临港新片区港口的外籍邮轮运营多点挂靠航线业务。 |

[1] 该调整建议仅为研究建议，不代表正式文件。

（续表）

| 序号 | 特别管理措施 | 与《自由贸易试验区外商投资准入特别管理措施（负面清单）》（2020年版）相比 |
|---|---|---|
| 8 | 公共航空运输公司须由中方控股，法定代表人须由中国籍公民担任。通用航空公司的法定代表人须由中国籍公民担任，投资通用航空公司限于合资、合作。（只有中国公共航空运输企业才能经营国内航空服务，并作为中国指定承运人提供定期和不定期国际航空服务。） | |
| 9 | 民用机场的建设、经营须由中方相对控股。 | 允许外商参与建设、运营机场塔台，删除负面清单内对该领域的限制。允许外国投资者以合作、合资或独资形式提供中小机场委托管理服务、机场管理培训及咨询服务，合同有效期不超过20年。 |
| 10 | 禁止投资邮政公司（和经营邮政服务）、信件的国内快递业务。 | |
| 六、信息传输、软件和信息技术服务业 | | |
| 11 | 电信公司：限于中国入世承诺开放的电信业务，增值电信业务的外资股比不超过50%（电子商务、国内多方通信、存储转发类、呼叫中心除外），基础电信业务须由中方控股（且经营者须为依法设立的专门从事基础电信业务的公司）。 | |
| 12 | 禁止投资互联网新闻信息服务、网络出版服务、网络视听节目服务、互联网文化经营（音乐除外）、互联网公众发布信息服务（上述服务中，中国入世承诺中已开放的内容除外）。 | |
| 七、租赁和商务服务业 | | |
| 13 | 禁止投资中国法律事务（提供有关中国法律环境影响的信息除外），不得成为国内律师事务所合伙人。（外国律师事务所只能以代表机构的方式进入中国，且不得聘用中国执业律师，聘用的辅助人员不得为当事人提供法律服务；如在华设立代表机构、派驻代表，须经中国司法行政部门许可。） | |

（续表）

| 序号 | 特别管理措施 | 与《自由贸易试验区外商投资准入特别管理措施（负面清单）》（2020年版）相比 |
|---|---|---|
| 14 | 市场调查限于合资，其中广播电视收听、收视调查须由中方控股。禁止投资社会调查。 | 将两条归并为一条，内容未调整。 |

八、科学研究和技术服务业

| 15 | 人体干细胞、基因诊断与治疗技术开发和应用限于合资、合作。 | 由禁止外商投资该领域转为合资、合作，并对该领域外商投资实行事前审批制度。 |
|---|---|---|
| 16 | 禁止投资人文社会科学研究机构。 | |
| 17 | 禁止投资大地测量、海洋测绘、测绘航空摄影、地面移动测量、行政区域界线测绘，地形图、世界政区地图、全国政区地图、省级及以下政区地图、全国性教学地图、地方性教学地图、真三维地图和导航电子地图编制，区域性的地质填图、矿产地质、地球物理、地球化学、水文地质、环境地质、地质灾害、遥感地质等调查（矿业权人在其矿业权范围内开展工作不受此特别管理措施限制）。 | |

九、教育

| 18 | 学前、普通高中和高等教育机构限于中外合作办学，须由中方主导（校长或者主要行政负责人应当具有中国国籍（且在中国境内定居），理事会、董事会或者联合管理委员会的中方组成人员不得少于1/2）。（外国教育机构、其他组织或者个人不得单独设立以中国公民为主要招生对象的学校及其他教育机构（不包括非学制类职业培训机构、学制类职业教育机构），但是外国教育机构可以同中国教育机构合作举办以中国公民为主要招生对象的教育机构。）（境外工医类高水平大学、职业院校不受此特别管理措施限制。） | 允许境外工医类高水平大学、职业院校独立办学，设立国际学校。 |
|---|---|---|
| 19 | 禁止投资义务教育机构、宗教教育机构。 | |

（续表）

| 序号 | 特别管理措施 | 与《自由贸易试验区外商投资准入特别管理措施（负面清单）》（2020年版）相比 |
|---|---|---|
| 十、卫生和社会工作 | | |
| 20 | | 允许在临港新片区设立外资独资医疗机构 |
| 十一、文化、体育和娱乐业 | | |
| 21 | 禁止投资新闻机构（包括但不限于通讯社）。（外国新闻机构在中国境内设立常驻新闻机构、向中国派遣常驻记者，须经中国政府批准。外国通讯社在中国境内提供新闻的服务业务须由中国政府审批。中外新闻机构业务合作，须中方主导，且须经中国政府批准。） | |
| 22 | 禁止投资图书、报纸、期刊、音像制品和电子出版物的编辑、出版、制作业务须由中方控股。（但经中国政府批准，在确保合作中方的经营主导权和内容终审权并遵守中国政府批复的其他条件下，中外出版单位可进行新闻出版中外合作出版项目。未经中国政府批准，禁止在中国境内提供金融信息服务。） | |
| 23 | 禁止投资各级广播电台（站）、电视台（站）、广播电视频道（率）、广播电视传输覆盖网（发射台、转播台、广播电视卫星、卫星上行站、卫星收转站、微波站、监测台及有线广播电视传输覆盖网等），禁止从事广播电视视频点播业务和卫星电视广播地面接收设施安装服务。（对境外卫星频道落地实行审批制度。） | |
| 24 | 禁止投资广播电视节目制作经营（含引进业务）公司。（引进境外影视剧和以卫星传送方式引进其他境外电视节目由广电总局指定的单位申报。对中外合作制作电视剧（含电视动画片）实行许可制度。） | |

（续表）

| 序号 | 特别管理措施 | 与《自由贸易试验区外商投资准入特别管理措施（负面清单）》（2020年版）相比 |
|---|---|---|
| 25 | 禁止投资电影发行公司、院线公司以及电影引进业务。（但经批准，允许中外企业合作摄制电影。）影视制作限于合资合作，中方控股。 | 影视制作由禁止外商投资该领域转为允许外商投资独资。 |
| 26 | 禁止投资文物拍卖的拍卖公司、文物商店和国有文物博物馆。（禁止不可移动文物及国家禁止出境的文物转让、抵押、出租给外国人。禁止设立与经营非物质文化遗产调查机构；境外组织或个人在中国境内进行非物质文化遗产调查和考古调查、勘探、发掘，应采取与中国合作的形式并经专门审批许可。） | |
| 27 | 文艺表演团体须由中方控股。 | |

1.《中国（上海）自贸试验区临港新片区外商投资准入特别管理措施（负面清单）》（以下简称《临港新片区负面清单》）统一列出股权要求、高管要求等外商投资准入方面的特别管理措施，仅适用于临港新片区。《临港新片区负面清单》之外的领域，按照内外资一致原则实施管理。

2.《临港新片区负面清单》对部分领域列出取消或放宽准入限制的过渡期，过渡期满后将按时取消或放宽其准入限制。

3.境外投资者不得作为个体工商户、个人独资企业投资人、农民专业合作社成员，从事投资经营活动。

4.有关主管部门在依法履行职责过程中，对境外投资者拟投资《临港新片区负面清单》内领域，但不符合《临港新片区负面清单》规定的，不予办理许可、企业登记注册等相关事项；涉及固定资产投资项目核准的，不予办理相关核准事项。投资有股权要求的领域，不得设立外商投资合伙企业。

5.经国务院有关主管部门审核并报国务院批准，特定外商投资可以不适用《临港新片区负面清单》中相关领域的规定。

6. 境内公司、企业或自然人以其在境外合法设立或控制的公司并购与其有关联关系的境内公司，按照外商投资、境外投资、外汇管理等有关规定办理。

7.《临港新片区负面清单》中未列出的文化、金融等领域与行政审批、资质条件、国家安全等相关措施，按照现行规定执行。

8.《内地与香港关于建立更紧密经贸关系的安排》及其后续协议、《内地与澳门关于建立更紧密经贸关系的安排》及其后续协议、《海峡两岸经济合作框架协议》及其后续协议、我国缔结或者参加的国际条约、协定对境外投资者准入待遇有更优惠规定的，可以按照相关规定执行。

9.《临港新片区负面清单》由国家发展改革委、商务部会同有关部门负责解释。

# 第四章

# 上海城市功能提升和外资发展思路

改革开放 40 多年来，从党的十四大提出"一个龙头、三个中心"战略构想，到 2001 年国务院批复的上海城市总规明确"四个中心"建设目标，再到习近平总书记为上海确立"五个中心"总体框架和强化"四大功能"战略任务，上海始终在国家战略指引下奋勇前行，形成上海城市核心功能特色发展的演进之路。在此过程中，外资企业已逐渐成长为上海促进经济增长和产业升级的重要引擎、推动科技创新的重要主体和提升城市功能的重要力量，上海 6 万多家外资企业贡献了全市超过 1/4 的 GDP、超过 1/3 的税收、约 2/3 的进出口总额和规上工业产值以及近 1/5 的就业人数。本章主要探索围绕"五个中心"建设功能升级要求，上海如何把握好国际资本的产业和区域流向的机遇，发挥外资对城市功能提升的推动作用。

## 第一节　吸收外资和国际贸易中心能级提升

自 20 世纪 90 年代以来，上海吸收外资规模持续实现突破，为上海国际贸易中心贸易规模、主体集聚以及衔接全球经贸规则发挥支撑作用。后危机时代，全球投资区域自由化趋势成为上海进一步突破规模能级的新机遇，投资数字化趋势为上海破解土地等要素成本制约带来新契机，贸易投资融合趋势凸显投资在国际贸易中心建设中的新价值，我国在全球市场地位的提升为上海探索参与全球投资治理提供实践基础。

一、吸收外资对上海国际贸易中心建设的贡献

（一）助力打造全球投资网络重要节点

随着浦东开发开放战略的实施，上海吸收外资进入快速发展阶段。1992年实到外资额首次突破 10 亿美元，2008 年突破 100 亿美元，2020 年突破200 亿美元，全球占比从 1992 年的 0.76% 上升至 2020 年的 2.03%。与此同时，上海对外投资也开始起步，尤其是自贸试验区成立后全面提速，对外投资额（中方投资额）全球占比从 1992 年的 0.02% 上升至 2020 年的2.04%（见图 4-1）。双向投资规模持续突破，使上海成为全球投资网络的重要节点。2002 年，为顺应跨国公司地区总部落沪的趋势，上海在全国率先出台鼓励跨国公司设立地区总部的政策，截至 2021 年底，已累计吸引各类总部企业超过 1500 家，使得上海国际贸易中心主体更加具备全球资源集聚和配置能力。

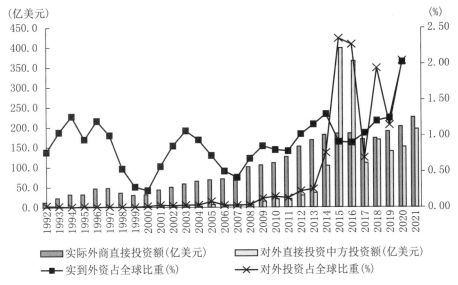

图 4-1　1992—2021 年上海吸引外资和对外投资情况

资料来源：根据上海统计局网站、联合国贸易和发展会议网站数据整理。

## （二）助力提升产业国际贸易竞争力

20 世纪 90 年代，上海的工业以纺织、服装制造等为基础，出口商品以纺织丝绸、服装、轻工艺品等为主，随着新兴制造业、生产性服务业等领域外资进入，汽车、电子、机械设备、石化、生物医药等已成为主导产业，机电产品出口占比从 1993 年的 13.6% 增长至 2021 年的 68.7%。初期，上海对外投资以采矿、制造等资源导向型投资为主，随着国内产业规模和门类的扩大，上海对外投资转向信息、科研、制造、商务等技术和市场导向型投资。双向投资的促进，不仅使上海产业结构不断优化升级，而且使得上海国际贸易中心建设深度融入全球产业、创新网络。

## （三）助力提升服务双循环支撑力

1990 年，上海外资企业出口仅占全市 5.6%，2010 年高达 69.7%，目前保持在 50% 以上，相对国内企业，外资企业更具出口导向特征。随着国内居民收入水平的上升，生产和消费需求潜力逐渐释放，外资企业逐渐服务本地市场，2003 年，上海外资企业货物出口额是国内销售额的 2 倍，2009 年，国内销售首次超过出口，2020 年，外资企业国内销售额是出口额的 6.6 倍（见图 4-2）。上海企业开展对外投资，不仅把部分工序或环节进行全球

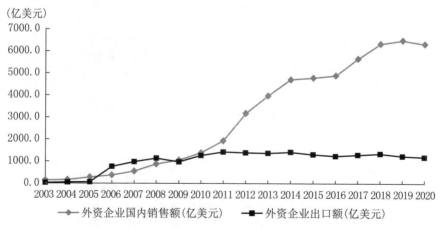

图 4-2　2003—2020 年上海外资企业国内销售和出口情况

资料来源：根据上海统计局网站数据整理。

有效布局，而且通过更好把握全球技术创新、市场需求和政治经济趋势，发挥国际循环对国内大循环的引导效应。

**（四）助力衔接全球经贸规则**

1992 年起，上海充分发挥浦东开发开放示范带头作用，探索与国际投资规则率先接轨，例如 1997 年率先实施外资审批"一站式"服务，2001 年率先推行行政审批"告知承诺制"和"并联审批制"。2013 年上海自贸试验区成立后，上海率先将外国投资者准入从审批制度改为备案制度，形成与国际投资规则一致的市场准入管理模式，2019 年《外商投资法》将对标国际投资规则的外资管理制度探索成果进行固化。上海在日渐成熟的投资管理制度领域为全球投资治理"中国方案"的形成发挥先行探索作用，是适应全球经贸规则调整、参与全球经济治理的有效切入口。

## 二、全球投资发展的趋势和机遇

### （一）把握后危机时代国际投资趋势和规则调整的机遇

2008 年的金融危机是超级全球化时代终结的拐点事件，美国在全球化体系中难以继续巩固核心技术和研发地位，将此归咎于跨国公司的海外转移，加大了对跨境投资或者资本流动的限制。新冠疫情等危机的持续，使得全球投资转向保护主义的趋势更加明显。从东道国角度而言，通过吸引 FDI 融入全球价值链仍是大部分国家的选择，在全球化受阻情况下加强区域合作的诉求不断增强。从跨国公司角度而言，为应对日益增多的贸易投资管制和供应链危机，跨国公司更加倾向选择市场接近地区来管理供应链风险，这导致全球 FDI 规模下降，但是区域尤其是亚洲区域 FDI 规模上升。在国家和跨国公司全球经济治理的二元主体推动下，区域投资自由化成为全球投资新趋势，跨国公司地区总部开始加强对区域生产、销售、服务、研发、创新等职能管理和协调，上海将享受亚洲区域投资地位上升带来的投资规模提升和地区总部集聚的红利。

### （二）把握数字技术引致国际投资结构调整的机遇

一方面，互联网、数字技术推动第三次产业革命的兴起，新冠疫情推动全球对数字技术起应用的需求，数字技术类跨国公司迅速崛起。理论上，数字化可能减轻跨国公司的海外资产，这或将削弱市场导向型和效率导向型投资动机，但是同时增强知识、金融和税收导向型投资，数字平台、网上供应链、数据中心等也将成为全球投资的新增长点和上海吸引投资的方向。另一方面，数字化进一步渗透到服务、制造业领域，对全球价值链的运行起到降本提效的作用，推动制造和服务跨国企业数字化转型投资。基于对数字和服务领域全球投资增长的预期，区域国际投资协定促进数字和服务领域开放的动力将增强，在上海吸收制造业投资规模趋减的趋势下，数字化和服务化投资将成为新的引资方向。

### （三）把握全球贸易投资融合趋势增强的机遇

全球经济呈现一体化的背景下，国际贸易与国际直接投资呈现融合发展态势。一方面，贸易与投资的较深层次融合体现在世界经济一体化的发展进程之中，不论是区域一体化谈判还是双边自由贸易区谈判，投资意义上的市场准入越来越被看作为谈判的主要内容。另一方面，贸易与投资融合还体现为投资超越贸易，比如跨国公司在境外企业的销售已经超过其在母国的销售，中间产品贸易已经大大超过最终产品贸易。这一切深刻改变了贸易是各国产品相互交换的本来内涵，日益转变为是国际直接投资的结果。通过促进投资和跨国公司地区总部集聚来促进贸易发展，将是符合上海比较优势的国际贸易中心能级提升路径。

### （四）把握我国在全球市场地位日趋提升的机遇

中美经贸摩擦以来，部分外资企业意欲将受影响的供应链转移出去，但新冠疫情的蔓延使外资企业重新审视我国的市场地位。一方面，跨国公司在我国供应链运行更加安全有效。中美经贸摩擦使得跨国公司更加关注供应链的安全，疫情又增加了供应链安全的紧迫性考虑，但供应链转移出中国不代表着更加安全，而且转移供应链成本是昂贵的。中国在解决外资企业复工复产困难中的效率，使得一批有战略眼光的跨国公司加大了在中国的投资步伐。另一方面，我国提出构建"以国内大循环为主体，国内国际双循环相互促进"的新发展格局，凸显了我国内需市场的潜力。由于疫情防控带来的人员流动管制，中国出境消费主要目的地的销售受到影响，跨国品牌商重新考虑本地市场的重要性，跨国公司供应链布局"在中国、为中国"的导向将进一步凸显，为上海双向投资提供新的增长空间。

### 三、上海外资与主要国际贸易中心城市的比较

#### 1. 上海投资规模排名靠前但仍有提升空间

2020 年，八大国际贸易中心城市的吸引外资额排名依次为香港、新加坡、上海、东京、伦敦、迪拜、巴黎、纽约。上海实际利用外资额从上一年的 190.5 亿美元增加至 202.3 亿美元，引资规模在八大城市中居第三，但低于香港（1190 亿美元）和新加坡（910 亿美元），主要是在金融业、批发零售业、专业服务业等领域引资规模存在差距；同比增长 6.2%，增速居第二位（仅次于香港），新冠疫情冲击下上海仍是跨国公司产业链布局的首选地之一，但引资规模仍有较大的提升空间。

#### 2. 上海投资自由度有所提高但仍有待加强

以经济合作与发展组织外商投资限制指数表示投资自由度，2020 年，八大国际贸易中心城市投资自由度排名为东京、伦敦、巴黎、新加坡、香港、纽约、迪拜、上海。上海投资自由度近年来有较大提升但仍居八大城市末位，主要是媒体、电信、法律等行业的 FDI 限制指数均超过 0.7 的高水平，而运输、海事等行业 FDI 限制指数超过 0.3 的水平，高等教育和商业服务 FDI 限制指数也在 0.2 以上。受到服务、数字领域的开放限制，上海服务业外资和服务业的增长潜力还未得到充分释放。

#### 3. 上海投资环境不断改善但仍有待优化

根据世界银行《营商环境报告》，上海开办企业得分从 2016 年的 81.1

分提高到 2020 年的 93.3 分，居第五，与其他城市差距不断缩小。合同执行得分从 78.8 分提高至 81.6 分，居第二，上海逐步提高专业司法服务和保障的能力，与首位新加坡差距缩小。获得信贷得分从 50 分提高至 60 分，居第六，与首位纽约 95 分的差距主要在于上海法律框架对借贷主体的保护力度仍不足；跨境贸易便利化得分从 72.1 分提高至 87.2 分，居第六，主要是跨境贸易耗时与成本仍较高。上海企业和个人所得率分别居第四、并列第五，上海的企业所得税率（25%）属于中等水平，但与香港（16.5%）、新加坡（17%）、伦敦（19%）等城市相比还有一定差距；上海个人所得税最高边际税率（45%）仅低于东京（56%），远高于迪拜（0）、香港（15%）、新加坡（22%）。上海在资金、人员、货物等要素跨境流动耗时和成本均较高，对高端人才的吸引力也相对较弱，吸引外资的投资环境仍有待进一步优化。

### 四、政策举措建议

#### （一）拓展投资发展新空间

2020 年，相对香港、新加坡分别为 1190 亿美元、910 亿美元的外资规模，上海仍有较大的上升空间。一要拓展与新加坡、日本、韩国等 RCEP 成员国的投资合作空间，RCEP 的生效实施将提升区域内的投资自由化水平，使上海获得更多投资机会、进一步降低企业对外投资门槛。上海可通过加强双向投资促进力度，进一步扩大投资规模，尤其是拓展与日本、新加坡、韩国等 RCEP 区域发达经济体的合作空间。二要拓展双向投资发展的战略空间支撑，积极服务长三角区域一体化，推动外资有效分工，提升为长三角区域外资企业服务的能力。发挥"一带一路"桥头堡作用，加强与长三角区域城市在境外经贸合作区设施建设、产业转移等的联动发展，带动商品、服务、技术和标准等出口。三要拓展与友好城市的投资合作空间，利用"五个中心"建设营造的合作空间，加大与香港、伦敦、纽约、东京等城市金融和资本连通性。

（二）打造制造、服务和数字融合互动的引资格局

随着改革开放的深入，产业转型、制造业离散和综合要素成本上升等因素使得上海制造业外资高速增长的阶段结束，但是服务和数字领域国际直接投资有望成为上海吸引外资的增长空间。一是打造新时期外资首选地，赋予自贸试验区、国家级开发区、综合保税区等开放型经济区域更多的管理权限，在复杂多变的全球投资环境下，快速高效抓住投资机遇，积极争取医疗健康、电信／云服务、科技研发（生物资源）、金融保险、环境服务、商业服务、国际海事运输等领域开放措施先行先试。二是加快打造制造、服务和数字融合互动的产业集聚区，充分发挥现有制造业集聚区优势，依托临港、虹桥、张江、金桥、外高桥等的产业集聚优势，吸引外商投资在线医疗、在线消费、工业互联网、智能物流等数字经济重点领域，为外资高质量发展注入新动能。

（三）以投资和总部牵引新型贸易增长潜力

在全球贸易与投资融合发展的趋势下，跨国公司作为国际贸易和国际投资的主要载体作用至关重要。一要推动双向投资与贸易互动发展，以外资促外贸，通过提升高端产业"引进来"吸引力，保障外贸产业链供应链畅通；以对外投资促外贸，通过"走出去"引进和获取先进技术、设计、品牌、渠道等高端要素，推动国内产业创新升级，增强产业国际竞争力。二要以总部经济推动贸易业态创新和功能提升，以总部经济发展为牵引力，打破资本、人才、研发、数据等要素跨境流动瓶颈障碍，激发离岸贸易、自然人移动、技术贸易、数字贸易等增长动力。

（四）为形成全球投资治理的"中国方案"发挥先行探索作用

我国在全球市场地位提升为上海探索参与全球投资治理提供实践基础，上海在投资管理制度领域已经形成基本的制度框架，未来重点是为形成全球投资治理的"中国方案"发挥先行探索作用，主要有两个路径：一是对

标 RCEP、CECAI 和 CPTPP 等区域国际投资协定要求，持续推动投资自由化，完善负面清单管理制度，深化国内投资管理制度改革开放；二是将已经探索形成的诸如外资投诉机制、促进机制转化为国际投资规则体系下的制度创新，推动全球投资促进和争端解决机制的创新，加大公平竞争、劳动和环境等可持续发展领域改革，推动中国参与全球投资治理。

## 第二节　上海发展更高能级的总部经济的内涵和思路

习近平总书记在浦东开发开放 30 周年庆祝大会上的讲话要求，浦东"要发展更高能级的总部经济，统筹发展在岸业务和离岸业务，成为全球产业链供应链价值链的重要枢纽"，"努力成为国内大循环的中心节点和国内国际双循环的战略链接，在长三角一体化发展中更好发挥龙头辐射作用"，"增强全球资源配置能力，服务构建新发展格局"。《上海市国民经济和社会发展第十四个五年规划和二○三五远景目标纲要》正式提出"发展具有全球影响力和控制力的总部型经济，着力培育吸引集聚多功能、高能级的国内外企业总部"。发展总部型经济是基于对疫情后全球变局的把握，以及上海在新发展阶段下、为更好落实国家战略要求、提升城市能级和核心竞争力、实现高质量发展的目标定位的把握。总部型经济并不是另起炉灶的新概念，是对既有总部经济的坚持、开拓和深化，是"更高能级的总部经济"的具体体现。

### 一、总部型经济的基本内涵、外延及重要意义

#### （一）总部型经济的基本内涵和外延

#### 1. 总部型经济的内涵和外延

总部型经济是指经济全球化过程中，超大城市依托特有资源要素，集聚各类总部企业和机构，形成对供应链、产业链、价值链的掌控能力，服务辐射一定区域而形成的经济形态，包含以下几个方面。

一是总部型经济的主体来源。总部型经济主体主要是总部企业，包括外资、国有、民营等各类主体。目前具有供应链产业链掌控力的头部企业也被纳入总部型经济的考虑范围，例如行业领军企业、平台类企业，以及具有市场独占性和高成长性的"瞪羚"企业、独角兽企业、隐形冠军等。

二是总部型经济的行业领域。总部企业因制造企业职能分工而形成，因此主要来源于制造业。随着服务业全球化发展以及经济数字化转型，服务和数字领域的总部企业逐渐成长和规模化，成为总部型经济的重要组成部分。

三是总部型经济的功能类型。企业设立总部最初是为了便利管理同一地区承担相同或相近功能的多个企业，随着投资多元化，企业设立总部的目的从优化管理架构转向经营功能的完善，一家总部企业同时兼具管理、投资、贸易、研发两个及以上功能，甚至还向全球提供某个事业单元的所有生产、销售、管理、投资等。

四是总部型经济的载体形态。总部经济是工业时代的标志性经济现象，多以工业园区等为载体。随着服务和数字总部企业的出现，以及头部企业成为总部型经济主体，楼宇、厂房也成为总部型经济的载体。

## 2. 总部型经济与其他形态经济的逻辑关系

由创新、服务、总部、开放、流量五种形态构成"五位一体"的"五型经济"，具有"我中有你、你中有我、你我共生"的机理。

一是总部型经济是"五型经济"的头部。总部企业掌握先进技术，引领行业、产业发展方向，更加重视创新投入与效率，是创新型经济的重要决定力量；总部企业更加侧重投资决策、资金管理、研发创新、市场管理等功能，推动和加速城市向服务型经济发展；跨国公司是经济全球化的主导者，是城市深度融入全球、发展开放型经济的主体力量；总部企业是人才、资金、技术、信息等各种流量的集成者，高频流量型经济的汇聚者。

二是"五型经济"是总部型经济优化的路径。市场独占性、高成长力、产业链带动作用的创新型企业，能够优化总部型经济生态系统。在价值链两端的投资、管理、研发、采购、销售、贸易、财资等服务型企业，能够丰富和强化总部型经济的功能。更多的外资企业是发展开放型经济的重要力量，有利于总部型经济发挥全球链接作用。要素资源高流动、高效配置、高效增值、线上线下融合联动，有利于总部型经济实现规模和范围经济效应。

### （二）做大做强总部型经济的重要意义

总部经济的出现对城市的经济、就业、产业、功能都有着重要的推动作用，因此被越来越多大城市纳入经济发展战略。上海提出做大做强总部型经济，是对总部经济的开拓与深化，是上海强化"四大功能"、提升城市能级和核心竞争力的重要抓手和有力支撑。

#### 1. 发展总部型经济是上海总部经济的深化和拓展

在国际贸易投资规则重构、跨国公司产业链价值链区域化调整背景下，发展总部型经济不仅有助于进一步巩固放大既有优势，继续推动跨国公司布局物流、研发、营销等高增加值价值链服务，统筹区域内投资、生产、经营和管理活动，而且有助于不断增创新的优势，引导支持企业"走出去"，培育总部功能在上海、业务机构在亚太及全球的本土跨国公司，加快形成引进和培育双轮驱动的总部型经济新形态。

#### 2. 发展总部型经济是上海提升城市能级和核心竞争力的重要着力点

上海已经成为我国内地外资地区总部最多、国际化程度最高的城市，这些总部企业是上海"四个中心"和科创中心建设的重要推动者。上海正在从数量增长转向质量提升阶段，从规模扩张迈向能级提升阶段。发展总部型经济有助于通过头部企业带动创新策源的实现，提升服务辐射功能，形成对产业链供应链的掌控力、实现高端产业引领，融入全球产业链价值链中高端、彰显开放枢纽功能，这与强化"四大功能"在新发展阶段高度一致，助力提升城市能级和核心竞争力。

#### 3. 发展总部型经济是上海提升上海制度型开放新优势的助推力

上海发展总部经济以来，提出包括针对性的财税政策、外籍人才政策、外汇政策等，依靠这些"先行先试"政策优势打造了成熟的产业链。随着跨国公司深度参与本地经营、本土企业开展国际化征程，总部企业发展所需已经不仅仅在于关税、外资准入水平等传统对外开放领域的范畴，更多是关于国内市场公平竞争程度、开展业务面临诸多隐性壁垒需破除，以及产权保护等内部深层次体制机制性因素。上海发展总部型经济，有助于通过主动对接高标准国际经贸协定，推动规则、规制、管理、标准等制度型开放，破除阻碍高端要素优化配置的体制机制障碍，持续降低高端要素优化配置的制度成本，通过制度层面的建设提升城市的发展环境与竞争力，形成制度型开放新优势，以巩固乃至提升总部企业在全球分工网络中的位置。

### 4. 发展总部型经济是服务构建新发展格局的载体形态

上海发展总部经济，实现与周边地区的梯度分工，为长三角区域一体化奠定合作基础。2020 年中央财经委员会第七次会议提出，构建以国内大循环为主体、国内国际双循环相互促进的新发展格局，这为上海发展总部型经济进一步拓展国内国际区域新空间。从国内来看，长三角是我国人口最多、市场最大的区域之一，以服务辐射长三角货物集散为主要功能的上海口岸贸易额已经超越香港、新加坡、东京等城市。从国际来看，RCEP 的签署将使得亚洲市场内部合作性和全球地位进一步提升。上海发展总部型经济，可以强化虹桥商务区、临港新片区、五大新城等特殊区域作用，实现内区域和外区域资本、市场、人才、技术、产业的有效融合，促进国际循环中的优质要素顺利进入国内大循环，发挥国际循环对国内大循环全要素生产率的正向溢出效应，引导国内大循环向更高层次跃升，实现国际国内战略链接，更好服务新发展格局。

## 二、上海总部型经济发展现状和特征

2000 年阿尔卡特在上海成立亚太总部，标志着上海总部经济发展初露端倪。2002 年，上海综合考量内外部发展环境，在全国率先出台《上海市鼓励跨国公司设立地区总部的暂行规定》，为后续上海形成总部经济集聚效应提供坚实的政策保障。

## （一）上海总部型经济发展现状

经过近 20 年的发展，上海逐渐成为继新加坡、香港、东京等城市之后，跨国公司地区总部的首选城市。截至 2020 年 12 月底，外商在上海累计设立跨国公司地区总部 771 家。跨国公司地区总部以 1% 的企业数量，贡献了近 10% 的营业收入，17% 的利润总额，6% 的从业人数和 12% 的纳税总额。

## （二）上海总部型经济发展特征

近年来，随着全球经贸摩擦加剧以及新冠疫情的影响，上海总部经济发展也出现新的变化。跨国公司地区总部更趋近岸化，在供应链、产业链布局方面呈现区域化和多元化特征，对区域生产、销售、服务、研发、创新等职能的管理和协调能力进一步增强。同时，伴随着中国、印度、巴西等发展中国家的快速崛起，总部企业来源逐渐从以发达国家为主转向发达国家和发展中国家并重。另外，全球数字技术的快速发展，催生大量以服务业企业和数字企业为主的新型总部。国际分工的专业化也使得细分领域的企业凭借独有的产品和服务成为特定市场的隐形冠军、独角兽，相当一部分成长为总部型企业。上海总部型经济表现出能级不断提升、辐射效应不断拓展的特点。

### 1. 总部能级持续提升

上海日益成为亚太总部和全球运营中心集聚地，发挥区域整合中枢和全球运作中心功能。一是跨国公司地区总部功能持续增强。500 强企业落沪地区总部 112 家，占 15%；大中华、亚太及以上区域总部 136 家，占 18%。771 家地区总部中，投资性总部 316 家，占 41%，管理性总部 455 家，占 59%。二是一批具有国际知名度和影响力的本土企业迅速成长为总部。瞄准全球价值链高端资源，通过收购拥有国际先进核心技术的企业、设立海外研发中心、与国外企业合作开展协同创新等多渠道、多方式融入国际生产网络，涌现了一大批具有国际知名度和影响力的本土跨国公司。2020年《财富》世界500强排行榜里，总部位于上海的企业共有9家，包括上汽、宝武、交通银行、绿地控股等。2020年《财富》中国500强排行榜，上海共有56家企业上榜，其中国有企业33家、民营企业23家，如拼多多、圆通、携程、德邦等。

### 2. 总部行业来源趋向多元化

上海总部企业的行业分布涵盖制造、服务和数字领域。一是制造业领域是总部企业的主要来源。跨国公司地区总部制造业企业占比超70%，服务业企业约占30%。其中，制造业主要集中在生物医药、电子信息、集成电路、汽车制造、智能制造等领域。本土跨国公司由原来的以采矿业、房地产业等为主转向制造业、商务服务业、信息技术产业等多头并进。如上汽集团继在泰国投资建设整车制造工厂之后，又在印度投资建设生产基地，通过输出有竞争力的整车产品和完整的供应链体系，进一步开拓东南亚市场。二是数字领域头部企业加快集聚。哔哩哔哩、喜马拉雅等已成长为全国领先数字内容标杆企业。SAP、IBM、百度等国际国内数字服务提供商均在上海设立地区总部。在综合零售、餐饮外卖、生鲜食品、酒店旅游、休闲娱乐等领域，也形成拼多多、美团点评、携程、饿了么等具有代表性的电商龙头企业。目前，上海市千亿级电商企业达到7家，钢铁、有色金属、铁矿石等大宗商品价格成为国际市场重要风向标，洋码头、亿贝、小红书等跨境电商企业也正在快速发展。

### 3. 总部企业辐射带动效应逐步显现

总部型经济已成为推动上海经济高质量发展的活力因子，带动产业转型升级、提升城市能级和核心竞争力的重要力量。一是全球资源配置能力不断增强。随着业务范围持续扩大，越来越多的跨国公司正将其资金运作、采购销售、贸易结算、全球研发等核心业务和功能落在上海，如全球装配和紧固件业务市场的领导企业伍尔特采购的原材料和产品有95%将销售到全球。二是产业带动能力不断增强。生物医药、电子信息、集成电路、汽车制造、智能制造等领域的总部企业在沪集聚发展，已经在上海形成投资、结算、销售、研发等核心功能布局，并向长三角和国内外市场延伸产业链和供应链的态势。如贺利氏在上海成立大中华地区总部，在南京、常熟、太仓、沈阳以及台北和高雄等地设有生产基地，成为光伏领域金属化浆料全球市场引领者。三是经济贡献度显著提高。2020 年，上海跨国公司地区总部以 0.2% 的外商投资企业数量贡献了全市外商投资企业 23.4% 的进出口额和 13.7% 的税收总额、近 10% 的营业收入、17% 的利润总额、6% 的从业人数。

**4. 总部企业区域集聚效应更加突出**

总部型经济正成为区域经济稳定增长的"压舱石"，为推动区域经济高质量发展作出巨大贡献。浦东新区成为上海各类总部最为集聚的地区，占据上海总部企业的半壁江山，截至 2020 年底，累计落户浦东的地区总部 359 家，占全市比重达 46.6%。其中，陆家嘴是投资性总部的集聚区，张江科学城是上海外资研发中心的主要集聚地，金桥是外资先进制造业和生产服务业总部的集聚地，保税区是营运总部集聚地，并于 2020 年 12 月升级为"全球营运商计划（GOP）"。徐汇区成为消费类总部的集聚地，通过吸引消费品牌外资，包括亿滋、阿迪达斯、乐高、星巴克、百胜、金拱门、汉堡王等总部企业。静安区成为全球服务商集聚地，依托 2019 年推出的"全球服务商计划"，集聚了包括总部企业、高端服务在内的多功能、高能级全球服务机构 48 家。长宁区成为在线新经济总部集聚地，借力"互联网＋生活性服务业"创新试验区建设，率先构建"在线新经济"产业发展版图，集聚了 4900 多家互联网企业，其中包含拼多多、携程、爱奇艺、万国数据等在线新经济总部企业。另外，临港新片区和虹桥商务区依托自贸试验区和虹桥国际开放枢纽等国家战略，正在着力打造能级高、环境优、影响大的总部经济集聚区，已成为各类总部企业入驻上海的首选地之一。

### 三、上海支持总部型经济发展的政策沿革和比较借鉴

#### (一) 上海支持总部型经济发展政策沿革

上海高度重视总部经济发展，先后出台支持各类总部型经济发展的政策。2008 年出台了跨国公司地区总部专项资金支持政策，2017 年出台的《上海市鼓励跨国公司设立地区总部的规定》丰富跨国公司地区总部内涵，在原有的资助奖励，以及其他便利措施的基础上新增部分资金管理、出入境便利、人才引进政策等项内容，鼓励各辖区根据自身特点完善适合总部经济发展的营商环境。2019 年《上海市人民政府关于本市促进跨国公司地区总部发展的若干意见》，出台 30 条地区总部发展的政策，优化总部认定标准，进一步优化运营支持政策。上海还积极出台政策支持国有和民营企业总部的发展，如 2014 年出台《关于进一步加快培育上海国有跨国公司实施意见》，2019 年出台《上海市鼓励设立民营企业总部的若干意见》。目前，上海已经形成以外资跨国公司总部政策为主体，本土跨国公司总部和民营企业总部为补充的总部型经济发展的政策支持体系。

市级财政总部专项资金政策以支持跨国公司地区总部集聚为主。2008 年，上海首次出台跨国公司地区总部专项资金支持政策，在商务部认定的投资性公司基础上，将管理性公司纳入认定范畴，使得跨国公司地区总部快速集聚，经营效益保持良好。2018 年的《专项资金办法》规定跨国公司地区总部可以获得开办和租房资助、经营奖励和提升能级资助。2019 年《若干意见》进一步优化了认定标准，放宽了母公司总资产要求、取消母公司实缴注册资本和管理企业数量要求、取消地区总部须为独资企业的限制。该政策实施后，上海认定跨国公司地区总部增速提高了 10%。获得专项资金扶持的企业，经营水平和效益远高于外资企业平均水平。区级财政总部企业专项资金支持各类性质总部企业创新发展。2019 年上海首次出台民营企业总部认定标准"资产总额达到 1 亿元人民币；上年度营业收入（销售收入）超过

10 亿元人民币；拥有 2 个或 2 个以上分支机构"。认定标准明晰后，企业申报意愿积极，各区在原来的跨国公司专项资金政策之外，也积极出台支持国有、民营总部企业发展的专项资金政策，如，松江和杨浦区给予民营企业总部最高 500 万元开办补贴；宝山、静安、闵行、青浦区均给予 300 万元资金支持；长宁区给予 200 万元资金支持。

### （二）支持总部型经济发展的政策比较

#### 1. 国际比较和经验借鉴

截至 2020 年底，新加坡累计引进跨国公司地区总部超过 3500 家[1]、东京超过 2400 家[2]、香港超过 1500 家[3]。从总部能级看，香港、新加坡和东京在亚太区总部乃至全球总部的集聚上更具优势，且服务业和创新型企业总部占比较高。在新加坡、香港、东京等总部经济集聚的城市中，香港是唯一一个没有出台专门扶持地区总部发展政策的城市，而新加坡、东京等城市总部企业集聚不仅是市场自发形成的结果，更有政府大力推动的因素。综合比较新加坡、东京和香港总部型经济的政策，可供上海借鉴的启示主要有以下四点：

一是营造具有全球竞争力的制度框架。从税收制度来看，新加坡税制简单，征收范围小，企业所得税税率较低，累计签署 50 个避免双重课税协定；香港对包括总部企业在内的所有企业实行统一简税制、免关税和低税率，累计签署 55 个避免双重课税的协定，为总部企业的跨国业务提供便利。从金融监管制度来看，新加坡、东京和香港金融体制较为完善，对外汇没有管制，金融开放程度较高。从贸易监管制度来看，新加坡实行自由贸易政策，不论是货物贸易还是服务贸易便利化程度均处于全球领先水平；香港作为

---

[1] 来自新加坡经济发展局工作人员的访谈。

[2] 李锋、陆丽萍：《新形势下上海应进一步吸引跨国公司地区总部集聚和提升能级》，《科学发展》2019 年第 6 期。

[3] 参见香港特别行政区相关统计材料。

自由港，国际贸易结算和国际航运自由，运输工具进出或转运货物在港内装卸、转船和储存不受海关限制。从人员流动管理制度来看，新加坡工作签证种类较多，首次申领的就业工作准证有效期为 2 年，EP 签证申请者在居留期间无出入境限制；香港人员流动自由化，跨国公司引进人才只需企业向香港特区政府申请工作签证即可。

二是不断完善总部分类和支持政策。新加坡对总部企业直接给予税率优惠、财政补贴等支持。新加坡实行分类认定的总部支持计划，自 1986 年引入运营总部奖励计划（OHQ）起，根据城市功能不断升级其总部政策，具有很强的针对性和灵活性。经认定的各类型总部企业主要可享受 3—20 年、5%—10% 的企业所得税优惠，此外还可同时申请研究奖励计划、企业培训补贴（TGC）等资金补助，以及无追索权国际化融资计划（IFS-NR）、企业融资计划（EFS）等低成本信用贷款优惠。东京给予总部特区企业税收抵扣、财政补贴等支持。东京虽然没有出台专门支持跨国公司地区总部的政策，在吸引外国总部上不占优势，但在全球本土总部培育和集聚上领先于新加坡、香港和上海。东京实施"国家战略综合特区"计划，打造亚洲总部特区，对总部特区内的企业购置设备或建筑物等实行特别折旧率或企业所得税抵扣优惠（二选一），另外还给予财政资助、金融贴息支持等，还通过注重外籍人才生活环境建设吸引全球化企业在东京建立亚洲总部或研发总部。

三是"引进来"总部的同时推动本土企业"走出去"。新加坡全生命周期扶持本土总部和创新型企业发展壮大。新加坡企业发展局创建 Startup SG（起新计划），分别从首次创业者、科技研发企业、共同投资计划、初创企业孵化器、人才培育、园区集聚、信用贷款等七个领域对创新型企业发展提供支持。东京全方位支持本土企业开展海外业务。东京主要依托日本贸易振兴机构（JETRO）在海外的办事处为本土企业开展海外业务提供支持，如对当地的法律制度、税务、劳务等企业经营的相关问题提供信息支持和业务指导，组织有海外投资意愿的企业参加"投资环境、市场开拓考察团"，在海外设置商务支持中心为企业在初创时期提供临时办公室租赁等服务，帮助企业针对海外仿制品、盗版等知识产权侵害问题争取损害赔偿。

四是建立科学的总部发展评估和统计机制。新加坡总部相关指标和评价标准具有很强操作性。新加坡总部计划评估标准包括总部企业的营业规模、中高级管理人员的聘用和本地商业支出等经济贡献度指标，既考虑总部型经济发展的目标，也对总部企业活动作出实质性评价。香港跨国公司总部相关的统计制度较为完善。香港已经建立比较完备的跨国公司地区总部统计调查制度，自20世纪90年代初，香港原工业署按年度开展香港境外母公司地区总部及办事处统计调查搜集工作，目前由原工业署重组后的政府统计处开展《有香港境外母公司的驻港公司按年统计调查》，调查对象分为地区总部、地区办事处和本地办事处，于每年11月左右公开发布年度报告。

### 2. 国内比较和经验借鉴

近年来，各兄弟省市都在大力发展总部型经济，陆续出台招引奖励重磅新政。目前全国已有上海、北京、天津、江苏、广东、四川、河南、山东、贵州9个省（直辖市）公开发布专门支持跨国公司设立地区总部的政策，同时这9个省市或其省会城市均出台了支持其他类型总部企业的政策。综合比较全国主要省市的政策，可供上海借鉴的启示主要有以下四点：

一是总部企业认定多元化且享受分类分级扶持政策。已出台支持总部企业发展政策的兄弟省市中，大多实行多元化的总部分类和认定标准，除了关注传统意义上的跨国公司地区总部，还不断加大对本土企业总部和成长型总部的支持和培育，不同类型总部一经认定享受同样或类似的扶持政策。浙江省将总部企业分为企业型总部、机构型总部（区域性总部和功能性总部）。武汉市将总部企业分为综合型总部企业（分行业设定标准）、第二总部、功能型总部、金融总部。广州市、南昌市、长沙市、郑州市等则按农业、工业（制造业）、建筑业和服务业分行业设定总部认定标准。西安市将总部企业分为综合型总部（含商务部认定的跨国公司地区总部等）、区域型总部（分行业设定标准）、成长型总部（高成长总部、新型研发总部），对经认定的各类型总部同样给予落户奖、贡献奖、发展奖等。

二是总部企业认定标准、资金扶持与区域贡献度挂钩。各省市主要从注册资本、资产总额、营业收入、纳税总额、分（子）公司数量等方面制定总部认定标准和享受资金扶持的门槛，其中纳税总额、实收资本或增资额等区域贡献度指标重要性越来越突出。广东省对跨国公司地区总部按实际缴付外资金额不低于 2% 的比例予以最高 1 亿元的开办资助奖励、按省级财政年度贡献的 30% 给予一次性最高 1 亿元的经营贡献奖励，贵州省按照当年地方税收贡献的增量部分给予一定比例的支持，奖励依据不同于上海的营业收入指标而是实到外资额和税收贡献。江苏省对总部企业当年在江苏扩大投资且年度增资达到一定额度给予增资扩能奖励，深圳市按照新设或增资年度实际使用外资金额分档奖励。

三是鼓励建设总部型经济集聚区。广州市对符合条件的总部经济集聚区，每年给予集聚区管理机构 50 万元奖励；成都市对入驻重点产业园（集聚区）总部企业及高级管理人员给予最高不超过 5000 万元的奖励，未按产业定位入驻成都市重点产业园（集聚区）的减半奖励；浙江省、江苏省、北京市、四川省、南昌市等均提出认定或重点支持建设一批总部经济集聚区，鼓励差异化集聚发展。

四是加大对总部企业高管个人的奖励力度。北京市对跨国公司地区总部 1 位主要负责人自认定起连续三年以市政府名义给予 50 万元奖励并免征个人所得税；江苏省规定跨国公司地区总部和功能性机构的增资扩能奖励资金的 40% 可用于高管或技术人员奖励；成都市对新引进注册的民营总部企业、国有独资总部企业按实收资本分段给予企业及高级管理人员实收资本的一定比例作为奖励，还要求企业将增资奖励资金 30% 发放给高级管理人员；武汉市、西安市、南昌市等均允许总部企业将获得的奖励给予高级管理人员和核心技术人员，一般按其贡献给予不超过其年度个人收入 5% 的奖励。

#### 四、上海做强做大总部型经济总体思路、基本原则和具体路径

##### （一）总体思路

以习近平新时代中国特色社会主义思想为指导，深入贯彻落实习近平总书记考察上海重要讲话和在浦东开发开放 30 周年庆祝大会上的重要讲话精神，牢牢把握国际大都市经济特征和优势，紧紧抓住经济全球化新趋势和新机遇，推进更深层次、更宽领域、更大力度开放，大力实施"总部增能行动"，着力吸引、培育、集聚更多国内外企业总部和头部企业落户上海，更好实现国内国际要素、产能、市场、规则链接，进一步强化上海在全球产业链供应链价值链中的枢纽地位和掌控力，加快发展具有更高能级的总部型经济，助力上海打造国内大循环的中心节点和国内国际双循环的战略链接。

更加突出整体性，围绕跨国公司地区总部、民营总部、贸易型总部等各类总部企业发展的共性需求统筹规划。

更加突出连续性，全面梳理现有政策中的支持内容和工作措施，保持原有政策的稳定性和连贯性。

更加突出衔接性，主动对接浦东高水平改革开放、临港新片区、虹桥国际开放枢纽、上海服务业扩大开放综合试点等政策文件，加大政策支持力度。

更加突出前瞻性，鼓励探索、重点支持、加快试点等举措先行先试，增强总部企业的投资自由度，拓展业务功能，在全市范围内形成支持总部企业发展。

##### （二）基本原则

一是坚持全球引进与本土培育相结合。持续提升开放优势，抓住新一轮国际产业转移机遇，集聚服务、数字、绿色等新经济领域跨国公司，支持跨国公司设立事业部总部。大力支持本土企业"走出去"，培育总部功能在上海、业务辐射亚太乃至全球的本土跨国公司。

二是坚持能级提升与功能拓展相结合。持续提升总部型经济能级，大力吸引跨国公司亚太总部和全球总部落户。鼓励总部企业积极参与全球价值链重构，拓展区域、业务等功能，增强在全球网络中的话语权。着力发现吸引、梯度培育国内外企业总部，支持高成长性企业和新经济头部企业等做大做强。

三是坚持制度供给与精准服务相结合。主动对接高标准国际经贸协定，推动规则、规制、管理、标准等制度型开放，提供高水平制度供给。顺应总部企业多行业、多领域、多功能发展趋势，统筹考虑共性与个性需要，优化完善企业服务机制，提供更加精准的服务保障。

### （三）具体路径

### 1. 形成多元、多层次主体共生的总部型经济生态圈

一方面，近年来，收购和兼并成为跨国公司国际直接投资的主要方式，跨国公司将具有发展潜力的新业务板块与核心业务脱离并成立全球事业部。上海要抓住跨国公司发展的新机遇，加强对国际投资形势，尤其是在沪跨国公司业务动态的关注，积极争取跨国新事业部地区总部的落地，提升总部营运能力和功能能级。同时，顺应包括本土跨国公司在内发展中国家企业国际化趋势，引导支持企业"走出去"，培育总部功能在上海、业务机构在亚太及全球的本土跨国公司，形成引进和培育双轮驱动的总部型经济形态。另一方面，抓住天生全球企业成长的机遇，借鉴新加坡"起新"计划，建立识别、发现机制，分别就首次创业者、科技研发企业、共同投资计划、初创企业孵化器、人才培育、园区集聚、信用贷款援助，从全生命周期培育和集聚一批市场独占性高、能力更强、对产业链上下游带动作用更大的"小微型总部"和"天生全球企业"。

### 2. 打造总部型经济集聚新空间、实现内外区域链接

上海发展总部经济，实现与周边地区的梯度分工，为长三角区域一体化奠定合作基础。2020年中央财经委员会第七次会议提出，构建以国内大循

环为主体、国内国际双循环相互促进的新发展格局，这为上海发展总部型经济进一步拓展国内国际区域新空间。从内区域来看，长三角是我国人口最多、市场最大的区域之一，以服务辐射长三角货物集散为主要功能的上海口岸贸易额已经超越香港、新加坡、东京等城市。从外区域来看，《区域全面经济伙伴关系协定》（RCEP）的签署将使得亚洲市场内部合作性和全球地位进一步提升。上海发展总部型经济，可以强化虹桥商务区、临港新片区"两翼齐飞"，当好国内国际双循环的战略链接，构建要素链接、产能链接、市场链接、规则链接，形成独具优势的战略通道，促进国际循环中的优质要素顺利进入国内大循环，发挥国际循环对国内大循环全要素生产率的正向溢出效应，引导国内大循环向更高层次跃升，实现国际国内战略链接，更好服务新发展格局。

### 3. 推动适应总部企业经营所需的制度型开放

在新加坡、香港、东京亚太三大总部经济集聚的城市中，香港是唯一一个没有出台专门扶持地区总部发展政策的城市，但集中了跨国公司地区总部 1504 家，地区总部 2479 家，总部型机构 5042 家，这与香港自由经济制度的系统性有关，尤其是香港的"商业立法"在全球名列前茅，知识产权法已达到最高的国际标准。上海发展总部经济以来，提出包括针对性的财税政策、外籍人才政策、外汇政策等，依靠这些"先行先试"政策优势，在国际产业转移分工中获得更高的地位。随着跨国公司深度参与本地经营、本土企业开展国际化征程，总部企业发展所需的更多是公平竞争、产权保护、环境保护等制度安排。在浦东开发开放 30 周年庆祝大会上，习近平总书记要求浦东深入推进高水平制度型开放，这为上海发展总部型经济制度指出了方向、提供了遵循。上海不仅要持续推动投资、贸易、跨境金融、人员、数据等自由化，更重要的是对接高标准国际规则有关公平竞争、投资保护和便利化、安全例外等协定要求，在行业管理、市场体系、商事制度、金融体系等领域逐步消除制约各类生产要素优化配置的显性或隐性障碍，破除阻碍高端要素优化配置的体制机制障碍，持续降低高端要素优化配置的制度成本，通过制度层面的建设提升城市的发展环境与竞争力，以巩固乃至提升总部企业在全球分工网络中的位置。

### 4. 建立总部型经济发展的评估评价机制

香港和新加坡是将总部经济作为城市重点发展战略的典型城市，除了政策制度的支持外，香港已经建立比较完备的跨国公司地区总部调查的方法、分析报告，并且明确了调查的法律依据。新加坡有完备的评估办法，例如为了反映贸易结算功能集聚和总部企业对新加坡经济的贡献，新加坡总部计划评价指标强调总部企业的营业规模、中高级管理人员的聘用和本地商业支出，既考虑了新加坡总部型经济发展的目标，也对总部企业价值作出实质性评价，并动态调整实施政策。上海可借鉴两者经验，由商务、经济、市场、金融、统计等部门建立协同的总部型经济评估评价机制，包括调查机制、财税政策评估机制，贷款、通关等政策实施效果跟踪机制。

## 第三节　新《外商投资法》背景下上海改进外资
## 附属机构统计的思路

受到全球经贸环境影响，以及我国本地消费市场和营商环境的吸引作用，外资企业开始侧重本地化经营，外资流入也从成本导向型为主转向市场导向型。在此背景下，本节提出引入改进我国外资附属机构统计的思路，即以外资"联合报告"系统为基础，建立外资附属机构属权贸易分解表。建立跨部门间共享系统，企业登记系统和诚信系统已经完备的信息，通过系统模块自动导入，重点调整经营信息。通过建立外资附属机构统计，推动外资信息报告制度的完善，为准入后外资监管发挥统计信息支撑作用。

2019 年 3 月 15 日我国通过《外商投资法》（简称新《外资法》），这是对包括《外资企业法》《中外合作经营企业法》和《中外合资经营企业法》

"外资三法"的根本性变革。2019 年 11 月 1 日《外商投资法实施条例（征求意见稿）》(简称《实施条例》)向社会征询意见。新《外资法》于 2020 年 1 月 1 日正式出台，外资基本制度规则和框架重点由准入、促进转向保护、监管。受到我国不断扩大的市场需求和全球经贸摩擦和影响，外资从垂直型（成本导向型）转向水平型（市场导向型）。在此背景下，改进我国外资附属机构统计制度，一方面是新《外资法》制度体系完善的要求，另一方面也是外资企业转向本地化经营监管的要求。

**一、完善我国外资附属机构统计的理论基础和现实背景**

**（一）外资从成本导向型转向市场导向型**

20 世纪 80 年代，伴随着我国改革开放深入推进，追求成本和效率的垂直型加工制造业外资大规模流入我国。土地、劳动力等资源充沛，再加上对外资实行"两免三减半"的税收政策，享受超国民待遇的外资企业在我国获得快速集聚和发展，并带来上下游关联企业，形成区域产业集群。我国入世后，跨国公司 500 强企业在我国的布局以龙头城市为总部地区，跨区域和跨行业分布，使得更多的区域和城市成为全球经济的重要节点。

经过几十年发展，我国沿海地区城市化进程加快，劳动力水平有很大的提升，劳动力要素的收益提高，并带来收入水平的上升和消费需求的觉醒，这意味着我国劳动力等要素成本优势逐渐减弱，而市场规模优势不断提升，市场导向型外资开始增多。全球贸易保护主义使得跨国公司全球生产扩张的速度放缓，供应链、生产链和价值链将呈现区域化导向，跨国公司地区总部对区域生产、销售、服务、研发监管职能将增强，外资的"近岸化"趋势明显，水平型、市场导向型投资流入增多，对成本敏感的垂直型外资进一步转移到东南亚、非洲的国家和地区。随着消费需求个性化、产业政策强化以及 3D 打印、工业互联网等柔性技术发展，生产企业将更加贴近消费地，近岸生产趋势愈发明显。随着国内企业的生产、研发、营销等方面都取得进步，以及我国营商环境的持续改善，对于知识产权的日益重视，本地外资企业积极与国内企业开展开放式创新，流入的外资也从增量扩张型转向质量效益型。

**（二）市场导向型外资监管重在外资经营信息登记报告**

垂直型外资或成本导向型外资对成本较为敏感，外资监管主要集中在准入和鼓励政策方面，但是水平型外资以本地市场拓展为导向，外资监管则侧重准入后。2013 年上海自贸试验区成立后，外资监管制度实行重大调整，实行对标国际的以负面清单监管为核心的投资管理制度。外资监管从审批制转为登记注册制，与国内工商登记注册系统实行融合。从自贸试验区成立后外资监管实践来看，前置审批取消，但是信息报告制度尚未正式实施，外资企业登记注册资本金没有强制性缴纳要求，外资的真实经营情况不能有效掌握，对我国外资管理工作带来挑战。

1984 年我国颁布《利用外资统计制度》，此后经历数次调整。外资统计制度最初涵盖的范围包括对外借款和外商投资，2004 年起，统计的涵盖范围开始变为外商投资。现行使用的外资统计制度是 2017 年 6 月起开始执行的《外商投资统计制度（2017 年）》。我国外资统计体系包括：（1）商务部统计历年《中国统计年鉴》所发布的外商直接投资的项目数、合同利用外资、实际使用外资，牵头制定和落实《外商投资统计制度》和《全国外商投资企业年度投资经营信息联合报告》（简称《联合报告》）。（2）国家工商行政管理总局负责提供外商投资企业年底注册登记的企业数、投资总额和注册资本，这与"联合报告"统计有所重叠。（3）国家统计局提供工业、建筑业等行业外商投资和港澳台商投资企业的资产、负债和所有者权益。（4）国家外汇管理局提供《中国国际收支平衡表》，与商务部共同牵头完成制定《中国国际投资头寸表》，包含直接投资负债头寸。从统计体系的职能部门设置来看，商务部和国家外汇管理局主要牵头负责外商直接投资数据统计和发布，商务部、国家工商行政总局、国家统计局独立或合作完成外资经营数据的普查、调查和发布。

根据新《外资法》第三十四条："国家建立外商投资信息报告制度。外国投资者或者外商投资企业应当通过企业登记系统以及企业信用信息公示系统向商务主管部门报送投资信息。""外商投资信息报告的内容和范围按照确有必要的原则确定；通过部门信息共享能够获得的投资信息，不得再行要求报送。"新外资信息报告制度明确了外资信息登记系统归并到企业登记系统，并且要求我国外资信息报告制度要整合现有的商务部、国家工商行政总局、国家统计局和国家外汇管理等各自的审批、备案、联合年报系统，确立了企业登记系统为基础实施外商投资数据统计和信息报告。根据美国实践经验，信息报告制度具有外资信息采集功能，完备的信息报告制度是负面清单制度下实施事中事后监管的重要依托。因此，本节研究的目的，一是需要对国际通行的外资信息登记制度进行比较，提出新《外资法》实施后，我国外资统计需要完善的方向。二是归类、简化与改进、完善同步进行，改进我国外资统计的重复性、碎片化、不系统、不完整的问题，为我国外资监管提供精准有效的数据基础，发挥外资信息报告制度作为外资管理信息源作用。

## 二、FATS 在美国外资信息报告制度中作用评析

外商直接投资监测是经济全球化后政府统计的重点，联合国欧洲经济委员会"全球化对国民经济核算的影响"工作组（2011）将外商直接投资与进出口等指标一起列为最受全球化影响的核算指标。美国是负面清单管理制度下国际投资信息报告做得比较成熟的国家，主要由国际投资头寸、国别和产业分类外资、新设外资、跨国公司经营活动等专项信息调查、统计和报告构成。

外资附属机构统计（FATS）是美国外资统计信息中的重要专项，统计和报告跨国企业分支机构在美国以及美国跨国公司在国外分支机构财务和运营情况，包括按国家和行业划分的增加值、销售额、就业、贸易、研发和

其他指标。由于服务贸易四种模式中的商业存在与 FATS 的思路较为接近，FATS 也常被用在服务贸易统计中，并被联合国、欧共体、国际货币基金组织、经济合作与发展组织、联合国贸易和发展会议、世界贸易组织六大国际组织采纳到《国际服务贸易统计手册》，因此被很多人误读为是服务贸易的统计方式，但是其核心仍然是跨国公司分支机构经营调查统计。FATS 由美国商务部经济分析局（BEA）执行，外国公司在美分支机构和美国公司在外分支机构都需要进行强制性申报，下文主要探讨外国公司在美国分支机构调查统计相关制度。

**（一）FATS 的基本制度框架**

一是调查对象的确立。根据 FATS 的对象要求，除年资产总额、销售额、营业总收入和净收入（亏损）均小于 4000 万美元的企业可以通过填写豁免表免除提供信息义务外，其他外资附属机构皆须申报。而且，由外国公司直接或间接持有证券投资超过 50% 的在美分支机构、房地产投资企业和银行等须强制申报。二是基准调查与年度调查。FATS 的基准调查每五年进行一次，年度调查在每个非基准年进行。三是法律依据。1976 年《国际投资和服务贸易调查法》（简称《调查法》）是 FATS 执行的法律依据，规定 FATS 执行的强制性（主要体现在 P.L.94—472., 90 Stat.2059, 22 U.S.C.3101—3108、22 U.S.C.3104 等条款中）。《美国联邦法规》第 15 卷第 801.3 节规定了调查对象回复的强制性。四是会计原则。调查表采用美国公认会计原则（U.S.GAAP），除有特例，可以使用国际财务报告准则或其他会计准则。五是保密性。《调查法》规定，BE-15 表格是保密的，只能用于分析或统计目的。六是处罚。《美国法典》第 22 卷第 3105 节规定，根据公司或相关主体是否为故意不向执行机构提供 BE-15 表格和相关信息，处罚分为三类：非故意不提供信息的民事处罚，将处以不低于 4527 美元、不高于 46192 美元的罚款，由商务部执行；非故意不提供信息的民事诉讼，由美国或受美国管辖的任何领土或其他地方法院执行；故意不提供信息的刑事处罚，处以 1 万美元以下的罚款、个人处以一年或两年以下有期徒刑。

（二）FATS 的框架

**1. 调查和统计对象的划分标准**

FATS 的对象主要是外国母公司拥有 10% 以上股权的美国子公司，其中外国母公司直接或间接持有的总股权超过 50% 的外资附属机构是重点调查和统计对象，称为"MOUSA"，附属机构的外国母公司可以是法人或者自然人。FATS 还提出了最终受益所有人（UBO）概念，指持有外资附属机构 50% 或以上权益的实体，UBO 可能位于美国，区别于外国母公司。

FATS 基于美国外国直接投资年度调查 BE-15 表格开展，每个外国公司在美附属机构都需要填写 BE-15 表格。BE-15 系列表格共有 5 份，分别为 BE15-A、BE15-B、BE15-C、BE15- 豁免申请表、BE15- 延期申请表，根据外资附属机构的资产总额、销售额、营业总收入、净收入任意一项指标规模进行分别填报。其中，BE-15A 由任一单个指标大于 3 亿美元的企业填写，BE-15B 由任一单个指标大于 1.2 亿美元且小于 3 亿美元的企业填写，BE-15C 由任一单个指标大于 4000 万美元且小于 1.2 亿美元的企业填写，BE-15 豁免申请表由所有指标均小于 4000 万美元、外国实体直接或间接拥有的投票权小于 10%、由母公司另一在美附属机构持有 50% 以上股权的附属机构（后者即为 UBO）。上述表格中，BE-15A 填报信息最为全面和翔实，其他报表填报内容依次简化。

**2. 调查和统计指标的基本构成**

FATS 的基本指标包括资产总额、销售额、营业总收入、净收入，以及细分指标，包括雇员人数、增加值、货物和服务贸易额、研发、总成本、所得税等。其中，雇员人数是获取薪酬的全职和兼职雇员总数；增加值是指通过企业的劳动和财产所生产的最终产品和服务的价值，代表附属机构对国内生产总值的贡献；总支出是指不动产、厂房和设备的支出，是购买、报废或转让以前拥有的有形资产的总额；研发包括由美国附属机构进行的研究与开发支出（不考虑所进行的研究与开发是供其自身使用还是供他人使用，以及研究与开发的资金来源）。

FATS 调查完成后所需要统计和测算贡献度的国内总数据指标分别来自相应的统计账户，其中，私营部门总就雇员人数来自美国国民收入和生产账户（NIPA）的表 6.4D 第 3 行；总增加值统计数据来自 NIPA 表 1.3.5 第 2 行；总研发支出统计数据来自国家科学基金会；私营部门总资本支出统计数据来自美国普查局的年度资本支出调查。

**（三）FATS 对属权贸易核算的贡献**

美国商务部经济分析局的属权贸易核算框架分为两大块：一是跨境货物（服务）贸易的核算，以跨境货物（服务）出口额减去跨境货物（服务）进口额，得到跨境货物（服务）净出口；二是附属机构销售的核算，以美国母公司从其国外附属机构货物（服务）销售获得的净收入减去外国母公司从其在美国附属机构货物（服务）销售获得的净收入，得到附属机构货物（服务）销售净收入。以服务贸易为例，2018 年，美国服务出口 8270 亿美元，服务进口 5673 亿美元。而 FATS 数据显示，美国母公司境外附属机构提供服务为 15584 亿美元（出口），外国母公司的美国附属机构提供服务为 10826 亿美元（进口）。通过 FATS 数据，我们不仅可以观察到美国母公司境外附属机构向东道国提供服务总额远远高于外国母公司在美附属机构向美国市场提供的服务总额，而且还可以发现商业存在形式的服务贸易额要远远高于跨境交付形式的服务贸易额。

根据 2015 年美国属权框架下的经常账户收入部分节选表（见表 4-1），第一，跨境货物（服务）贸易部分，包括非关联出口数据和关联出口数据，后者可分为对美国母公司对其附属机构出口和美国附属机构对外国母公司出口。第二，国外附属机构销售给母国带来的净收入，需要用国外附属机构的销售收入除去国外附属机构直接向美国购买的商品和服务（该项与跨境出口部分有重叠，消除重复计算部分）、工资薪酬成本、国外附属机构向同一美国母公司其他附属机构的销售收入（该项为剔除附属机构之间交易重复部分），增加银行附属机构（净收入）。目前只有美国有如此详尽和完备的 FATS 数据，因而可以切实进行属权贸易核算。

表 4-1　2015 年美国属权框架下的经常账户收入部分

| | 项　　目 | | 项　　目 |
|---|---|---|---|
| 1 | 货物和服务出口及收入 | 18 | 货物 |
| 2 | 减：将直接投资收益转换为定向基础的调整 | 19 | 服务 |
| 3 | 等于：商品和服务出口的收入，定向基础 | 20 | 美国母公司从外国附属机构销售所得的净收入 |
| 4 | 货物和服务出口及外国子公司销售收入（L5+L20） | 21 | 国外附属机构的销售收入 |
| 5 | 货物和服务的出口总额 | 22 | 减：国外附属机构直接向美国购买的商品和服务 |
| 6 | 货物 | 23 | 减：外国公司应计成本 |
| 7 | 服务 | 24 | 外籍员工薪酬 |
| 8 | 对非国外子公司 | 25 | 其他 |
| 9 | 货物 | 26 | 减：外国子公司向同一母公司其他外国子公司的销售收入 |
| 10 | 服务 | 27 | 加：银行附属机构（净收入） |
| 11 | 对国外子公司 | 28 | 除直接投资外的主要收入（L29+L33） |
| 12 | 货物 | 29 | 除直接投资外的投资收入 |
| 13 | 服务 | 30 | 组合投资收益 |
| 14 | 美国母公司对国外附属机构 | 31 | 其他投资收入 |
| 15 | 货物 | 32 | 储备资产收益 |
| 16 | 服务 | 33 | 员工薪酬 |
| 17 | 美国附属机构对外国母公司 | 34 | 次要收入（本期转移） |

资料来源：根据 BEA 2018 年发布的 *An Ownership-Based Framework of the U.S. Current Account，2016* 整理。

### 三、上海探索外资附属机构统计的思路

从我国的外资统计基础来看，包括国际投资头寸、新设外资、国别和产业投资统计和报告基本已经可对标国际标准，目前外资统计和报告中最不完善的是跨国公司的经营活动统计和发布，即外资附属机构统计（FATS）。1998 年，国务院通过《关于对外商投资企业实行联合年检的实施方案》，并进一步确立七部委联合年检制度，该制度主要以外资企业经营情况为主要调查目的，此后外商投资企业实行联合年检主要由商务部门牵头完成外资企业信息填报、统计和发布工作。2015 年商务部启动我国外资存量年度专项调查研究，并将成果完善到"联合报告"系统，推动我国外资存量调查和统计的完善，并且逐渐与美国 FATS 接轨。

《实施条例》第三十九条规定："国务院商务主管部门应当与国务院市场监督管理部门做好相关业务系统的对接和工作衔接，明确外商投资信息报告的具体流程，加强对投资信息报送的指导。"根据该条，外资基础信息登记将通过网上企业登记系统以及国家企业信用信息公示系统实现，"联合报告"系统或将被归并。新《外资法》信息登记制度建立的目的是维护我国外资经营的稳定和安全，我国建立外资附属机构统计的目的是为建立跨国公司分支经营统计专项，以便更好地了解全球经济动向和企业经营情况，为国际贸易投资政策措施调整提供更为充分的信息支撑，尽责外资监管、促进和保护职能。本文认为"联合报告"系统已经具有比较完备的基础，其基础表的调查对象和调查内容基本与美国 FATS 相吻合，弃之可惜。因此建议我国基于"联合报告"进行改进，建立我国外资附属机构统计系统，监测跨国公司经营情况，完善我国外资信息报告制度。

#### （一）基本框架制度

#### 1. 调查对象的确立

2015 年商务部正式公布的《〈中华人民共和国外国投资法〉（草案征求

意见稿）》（简称"《草案》"）中提出直接投资者拥有 50% 股权的外资是强制报告主体，而资产总额、销售额、营业收入超过 100 亿的外资附属机构是重点监测对象。2007 年商务部与国家统计局联合发布了第一版《国际服务贸易统计制度》，将直接投资者拥有 50% 以上的股权外资作为强制报告的主体。根据以上两个统计制度的基础，参考美国 FATS 中对外资附属机构统计报告标准，建议将直接投资者拥有 50% 股权的外资附属机构作为调查对象，并且将调查对象进行分类，制定分类调查表。其中资产总额、销售额、营业收入任一指标超过一定规模的外资附属机构需要填报类似 BE-15 的调查表 A，其余填报简化的表 B。

**2. 法律责任**

新《外资法》以及《实施意见》中并未涉及信息报告制度的法律责任，2019 年 11 月 8 日商务部出台的《外商投资信息报告办法（征求意见稿）》第二十七条，提出"外国投资者或者外商投资企业未按照外商投资信息报告制度的要求报送投资信息的，由商务主管部门警告并责令其于 15 日内改正；逾期不改正的，处十万元以上三十万元以下罚款；情节严重的，处三十万元以上五十万元以下罚款"。可以沿用相关条款，施以相应规模的行政处罚。根据美国法律规定，为保证信息报告制度的强制执行性，还有兜底的刑事处罚，超出了《外商投资信息报告办法（征求意见稿）》处罚程度，建议再深入研究。

**（二）调查和统计指标调整**

根据《实施意见》第四十条："外商投资信息报告的内容、范围以及报告的频次，由国务院商务主管部门会同国务院市场监督管理部门等有关部门按照确有必要、尽可能减轻外国投资者和外商投资企业负担的原则确定。确定外商投资信息报告的内容、范围以及报告的频次，应当充分听取外国投资者、外商投资企业以及其他有关方面的意见。除法律、行政法规另有规定外，有关部门在履行职责过程中获取的外商投资信息，应当及时与商务主管部门共享。"基于以上基本原则，建议如下。

## 1. 指标调整

新《外资法》第四十一条提出，"外国投资者或者外商投资企业报送的投资信息应当真实、准确、完整"的要求，根据我国现行的外资统计制度，外资企业需要详尽提供设立时、信息变更时的基本信息。同时，作为企业信息填报制度的《中华人民共和国公司登记管理条例》也对公司设立、变更、注销、报告作了详细规定。此外，我国《证券法》也对外资持股超过10%的机构提出报告制度。2015年，商务部开始启动我国外资存量年度专项调查的准备工作，将调查的统计概念与调查表所采用的企业财务报表科目等变量进行对接，与企业登记系统已经具有较大的吻合性。鉴于我国现行外资统计和企业登记之间的较大重叠性，基于联合报告系统建立的外资附属机构统计，需要调整原先的"联合报告"调查表指标，主要调整方向为：（1）不再登记投资者及其实际控制人信息变更情况，以及股份、股权、财产份额或者其他类似权益信息变更情况，基于企业信息登记系统和诚信系统自动导入外资附属机构统计系统。（2）重点完善企业数、从业人数、研发和贸易等指标，建议形成我国外资附属机构统计的框架指标（见表4-2）。

表4-2 我国外资附属机构统计框架指标

| | 项 目 | | 项 目 |
|---|---|---|---|
| 1 | 销售收入 | 9 | 各项费用支出合计 |
| 2 | 货物 | 10 | 净利润 |
| 3 | 服务 | 11 | 缴纳税款 |
| 4 | 对本国销售的服务 | 12 | 年末所有全职和兼职雇员人数 |
| 5 | 对外国销售的服务 | 13 | 研发人员人数 |
| 6 | 经营成本 | 14 | 货物出口额 |
| 7 | 研发成本 | 15 | 货物进口额 |
| 8 | 各项收入合计 | | |

### 2. 企业数指标

一方面，外商投资企业境内再投资使得调查企业存在多次统计。2015年商务部发布的《自由贸易试验区外商投资备案管理办法（试行）》规定，外商投资的投资性公司、创业投资企业、股权投资企业等在自由贸易试验区投资，视同境外投资者。这样，这三类企业既是外商投资企业，也可以作为境外投资者，具有双重身份。由于外商投资企业可以在我国境内再投资，因此，经商务部批准或备案的外商投资企业名录不仅包含了直接由境外投资者在我国境内设立的各类企业，还包括一部分我国境内外商投资企业在我国境内再投资所设立的各类企业。另一方面，上海跨国公司地区总部政策中总部认定标准使得调查企业存在多次统计。例如《上海市鼓励跨国公司设立地区总部的规定》（沪府发〔2017〕9 号）中地区总部认定标准之一即要求母公司授权管理的中国境内外企业不少于 3 个，或者母公司授权管理的中国境内外企业不少于 6 个。为了符合商务部门认定的跨国公司地区总部标准，外资企业会将职能分拆建立不同的分支机构，但是经营情况仍由直接投资主体执行，甚至有些分支机构注册即为了使其直接投资主体享受地区总部政策，而实际只是空壳公司，这增加了调查统计的重复性。基于以上情况，可鉴美国 FATS 经验，对由同一母公司在我国投资的附属机构持有 50% 以上股权的外资附属机构，不将其纳入调查对象，而是将指标合并到其他附属机构调查。

（1）从业人数指标。联合年检从业人数包括总数外，还对外籍职工、大学以上学历以及新增就业情况就行了统计。从实践运用情况来看，外籍职工和大学以上学历从业人员在外资统计报告中发布较少，随着内外资管理的一体化，单独对外资员工和学历从业人员意义较小，而新增就业情况可以通过年度比较进行折算，因此可以将"年末从业人数—外籍职工（人）、年末从业人数—大学及以上学历（人）、年末从业人数—本年度新增就业人员（人）和年末从业人数—本年度新增就业人员（人）"指标剔除，增加取得薪资的兼职人员作为从业人数的内容之一。该指标调整的主要原因一方面是全球经济的服务化和数字化导向，大量的工作跨国公司可能以分包、众包、外包给个人承担，以贴合互联网时代就业模式的多元化趋势；另一方面则是大学及以上等学历指标工商登记系统有基础数据，在外资附属机构统计中不必重复调查。

（2）研发指标。"联合报告"中有关研发的指标较为复杂，包括研发机构归类、专利权数等。在外资附属机构统计中，研发主要作为投入成本，因此有关研发机构归类和专利权数可以不纳入登记统计，可以增加对获得新知识或理解而无需立即具体商业应用或用途的活动（基础研究）、解决特定问题或实现特定商业目标的活动（应用研究）和生产新产品或工艺或改进现有产品或工艺（开发），更好掌握我国在跨国公司研发创新环节的地位。

### 3. 贸易指标

建立 FATS 的重要目的除了检测重点外资运行情况外，同时也能为推动我国完善外资附属机构服务贸易统计做好铺垫。现行的《国际服务贸易统计制度》建立了包含服务进出口（BOP）以及附属机构服务贸易（FATS）数据的服务贸易统计制度，根据最新报告，2015 年我国外资控股达 50% 以上的附属机构数约为 10 万家，销售收入 8.7 万亿元，利润总额 6832 亿元，年末从业人数超过 521 万人。以上统计指标比较框架性，还不能解决属权贸易核算问题，贸易指标需要进一步细化和分解。

建议参考美国 FATS，一是细化外资附属机构货物和服务销售的区域和机构分布的指标，指标细化为销往母国、东道国、第三国市场销售，以及分解出与母公司、关联附属机构和非关联方之间的销售，外资附属机构总销售额为：$L1=L2+L3+L4+L6+L7+L8+L9+L10+L11$（见表 4-3）。二是建立外资附属机构属权贸易分解表，向外国母公司支付的外资附属机构销售直接投资收入净额由外资附属机构的货物（服务）销售收入，外资附属机构从母国购买的商品和服务、工资薪酬成本、外资附属机构向同一母公司在华其他附属机构的销售收入等构成，即为 $L1=L2-L3-L4-L7+L8$（见表 4-4）。

表 4-3  外资附属机构货物和服务销售的区域和机构分布

| $L1$ | 销售总额 | |
|---|---|---|
| $L2$ | | 母国销售总额 |
| $L3$ | 销往母国 | 与母公司销售额 |
| $L4$ | | 与非关联销售额 |
| $L5$ | 销往母国外市场总额 | |
| $L6$ | | 东道国市场销售总额 |
| $L7$ | 销往东道国市场 | 与关联附属机构销售额 |
| $L8$ | | 与非关联销售额 |
| $L9$ | | 第三国市场总额 |
| $L10$ | 销往第三国市场 | 与关联附属机构销售额 |
| $L11$ | | 与非关联销售额 |

表 4-4  我国外资附属机构属权贸易统计指标分解

| | 项　　目 |
|---|---|
| $L1$ | 向外国母公司支付的外资附属机构销售直接投资收入净额 |
| $L2$ | 外资附属机构销售收入 |
| $L3$ | 外资附属机构直接向外国购买的商品和服务 |
| $L4$ | 应计成本 |
| $L5$ | 员工薪酬 |
| $L6$ | 其他 |
| $L7$ | 外资附属机构向同一母公司在华外资附属机构销售收入 |
| $L8$ | 其他 |

**（三）指标协调**

联合年报的调查企业来自商务部外资审批、备案、变更系统，企业通过"联合报告"系统自行填报相关数据，这些数据和工商企业登记系统、外汇管理系统、海关系统等统计口径数据都不太一致。一是应明晰外资信息报告制度的调查、统计和报告部门。完善的外资附属机构统计体系包括调查对象的基本情况、投资数据和经营数据，单纯依靠企业登记系统，并不能完成外资相关信息的调查、采集和统计，建议由商务部完成外资信息登记系统的设计，联合工商、海关、外汇、统计、税务等部门建立专门的统计模块，共同构成外资信息登记系统。二是要建立外资信息报告制度的数据共享系统通道。外资信息报告系统兼具外资监管和工商市场监督的功能，对于外资企业的设立、变更、年度报告等事项信息，股权、债权、债务等投资信息，以及税务信息，企业仅做一次报告即可，通过统计模块导入相应数据，简化和减少重复登记和统计。

# 第五章

# 专题

## 第一节　全球主要城市吸引外资的比较研究

跨国公司日益成为全球资源配置的载体，新加坡、香港等外资企业和本土总部跨国公司集聚度高的城市成了全球商业网络的控制节点。全球城市通常是依托跨国公司的全球生产和营销网络成为全球经济的中枢，以跨国公司为代表的投资主体集聚体现了城市的全球资源配置能力和国际竞争力。投资规模可以直接体现城市吸引外资的国际竞争力，投资开放度和投资环境对城市的外国直接投资吸引力也至关重要。本文选取伦敦、纽约、巴黎、新加坡、东京、香港、上海和迪拜8个城市作为样本进行比较研究。

### 一、全球主要城市的投资规模比较

投资规模反映城市对外国直接投资主体的吸引力，以利用外资额体现。2020年，这八大城市利用外资额排名依次为香港、新加坡、上海、东京、伦敦、迪拜、巴黎、纽约，这八大城市情况具体如下：

2020年，香港利用外资额达1190.0亿美元，居八大城市首位，同比增长60.8%，在2019年因社会动荡导致流入异常低后又急剧反弹，表明总部位于香港的跨国公司存在企业重组和交易扩张情形，这是由于中国内地跨国公司在香港合并了许多子公司。中国内地是香港外商直接投资的主要来源地，香港与中国内地之间的跨境投资数额反映两地紧密的经济联系，"一国

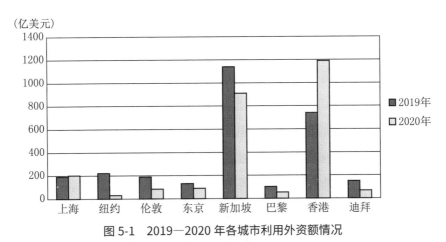

**图 5-1　2019—2020 年各城市利用外资额情况**

数据来源：联合国贸易和发展会议《世界投资报告》，部分城市利用外资额根据城市 GDP 占所属国 GDP 的比重进行测算。

两制"下香港仍将充分发挥着外资进入中国的跳板的重要作用。

2020 年，新加坡利用外资额为 910 亿美元，同比下降 20.2%，外资规模在全球主要城市中仍具有领先优势，位居八大城市第二，且降幅低于全球 FDI 降幅 15 个百分点。新加坡是外资流入东南亚的重要通道，利用外资额下降的原因主要是跨国并购额缩水了 86%。分行业来看，2020 年新加坡吸引外资排名前三的接受行业（金融、批发和零售贸易以及制造业）的 FDI 有所减少，其中制造业投资减少最多，降幅超过 80%。新加坡在国际金融、贸易融资、海事金融、保险、财务运作以及财富管理等产业方面均在全球处于领先地位，这些领域也是吸引外资的活跃领域。

2020 年，上海利用外资额达 202.3 亿美元，同比增长 6.2%，规模居第三、增速居第二（仅次于香港），新冠疫情冲击下，上海仍是跨国公司产业链布局的首选地之一。从结构上看，2020 年，上海服务业实际使用外资 191.1 亿美元，同比增长 10.6%，占 94.5%；制造业实际使用外资 11.1 亿美元，占 5.5%，服务业成为外资主要的投资领域。上海历来是全球 FDI

的重要目的地之一，外资在上海经济社会发展中具有重要地位和作用。即使在新冠疫情背景下，上海积极应对并有效消化疫情对外资的影响，进一步稳住外资质量、外资规模、外资信心，实际使用外资金额不断创历史新高。

2020 年，东京利用外资额降幅较大，规模在八大城市中排名第四位。2020 年，流向日本的 FDI 下降近三分之一，降至 100 亿美元，主要是由于来自美国跨国公司的 FDI 下降 25%，其中绝大部分流向东京。受日本投资政策诸多因素的影响，日本市场被公认为全球最难进入的市场之一。叠加新冠疫情对日本吸引外资能力造成的负面影响，全球各地投向东京的 FDI 金额也出现下降。

2020 年，受英国"脱欧"叠加新冠疫情影响，伦敦的利用外资额降幅较大，规模在八大城市中排名第五位。2020 年，英国外国直接投资额 197 亿美元，同比下降 55.6%。根据伦敦 GDP 占英国 GDP 的比重测算，伦敦吸引外国直接投资金额达 84 亿美元，同比下降 55.6%。作为全球金融中心，金融业对伦敦经济产值的贡献达到 49%。自英国公投"脱欧"以来，已有部分跨国金融机构转移部分金融业务至其他欧洲城市，伦敦能否保住欧洲金融中心的地位尚有待观察。但伦敦仍保持其传统竞争优势，如英国法律体系较为成熟，全球贸易、商业及金融服务广泛使用英国法律，伦敦仍是全球最大的美元离岸中心等，未来伦敦对外国直接投资的吸引力仍然较强。

**专栏 5-1　英国"脱欧"公投后伦敦吸引外资的趋势及对上海启示**

对 2016 年 6 月 24 日英国"脱欧"公投结果公布以来伦敦吸引外资趋势跟踪研究发现，伦敦吸引外资总体受到一定程度负面影响，汽车等制造业影响最大、金融次之，数字等领域吸引外资仍保持积极向好。全球经济新形势下，上海吸引外资要积极借鉴伦敦的经验，下一步利用外资要注重三个方面：包括保持对高技能专业人才的持续吸引力、塑造核心产业完整的功能体系、洞察和把握全球数字产业发展新态势。现将相关情况专报如下。

一、英国"脱欧"公投后伦敦吸引外资的情况和特征

（一）伦敦继续保持全球首要投资城市地位

长期以来，英国都是最受国际资本青睐的国家之一，伦敦则是最受外资青睐的全球城市之一。英国"脱欧"公投以来，伦敦吸引外资受到一定程度的负面影响，但仍然保持全球首要投资城市地位。根据联合国贸易和发展会议数据测算，伦敦吸引外资从 2017 年的约 320 亿美元，跌至 2019 年的 189 亿美元，受到新冠疫情影响，2020 年更是跌至 84 亿美元。根据伦敦金融城报告，这一情况已在 2021 年大幅好转，尤其是伦敦又重新回到全球首要投资城市的地位。

（二）伦敦汽车制造业吸引外资受到产业链调整影响较大

根据《金融时报》数据，英国汽车等制造业利用外资已降至 2003 年以来的最低水平。受英国"脱欧"的影响，英国汽车业投资大幅下滑。2017—2018 财年，英国汽车业吸引外资项目 108 个，共创造工作岗位 7058 个，分别同比下降 15.0%、51.4%；2018 年，英国汽车业投资仅 5.886 亿英镑，同比下降近一半，日产、本田和福特等跨国公司均压缩了在英国的生产计划，捷豹、路虎等已计划将部分车型的生产线迁往欧洲其他地区。受其他跨国公司产业链布局调整影响，伦敦的整车和零部件生产商已经提出压缩生产和迁移计划。

（三）伦敦国际金融中心地位受影响有限

根据"脱欧"公投后全球金融中心指数情况，2018 年 9 月公布的第 24 期全球金融中心指数（GFCI 24），伦敦自"脱欧"公投后首次以 2

分微弱差距低于纽约，排名第二。"脱欧"的不确定性，使得摩根大通、美林等部分金融机构搬离伦敦，或转移部分资产至欧盟，自 2017 年 3 月以来，都柏林、巴黎、法兰克福和阿姆斯特丹等欧洲其他金融中心城市金融业外资流入量创下历史新高。自 2018 年 9 月以后，伦敦一直保持第二的位置，根据第 31 期全球金融中心指数报告（GFCI 31），纽约、伦敦、香港再次位居全球金融中心前三甲，伦敦下降幅度最大，达到 14 分，香港和纽约仅分别下降 1 分和 3 分，使得伦敦与纽约的差距进一步加大，"脱欧"之后的元气始终未能恢复。

（四）数字等领域吸引外资态势良好

尽管英国"脱欧"存在不确定性，但伦敦仍受到主要数字跨国公司的青睐。如谷歌决定投资约 10 亿英镑（约合 13 亿美元）用于设计和开发位于国王十字区新的 9.3 万平方米的伦敦总部，Facebook 还在该地区为其新的伦敦总部预租了主要办公空间，三星也为其新的展厅做了预租。此外，马来西亚投资者对泰晤士河南岸标志性的巴特西发电站进行了一项耗资 90 亿英镑的长期重建项目，拟为苹果公司伦敦新总部服务。国际科技企业也持续涌入伦敦。数据显示，过去 10 年伦敦比其他城市吸引了更多的国际科技企业和项目，包括新加坡、悉尼和巴黎。2008—2018 年间，伦敦新设 822 家电子信息通信技术企业，创造约 2.7 万个就业机会。2021 年随着新冠疫情流行影响减弱，流入伦敦的数字领域外资也在持续增加。

二、全球直接投资新趋势导致伦敦吸引外资呈结构性差异

（一）汽车等制造业全球价值链运行受阻

根据联合国贸易和发展组织数据，2018 年全球直接投资总规模预计下跌 19%，约为 1.2 万亿美元，这是连续第三年下降。由于全球直接投资周期长、回报期慢，在当前全球政治经济不确定预期下，制造业全

球直接投资下行是趋势。此外，以汽车为代表的制造业全球价值链区域和领域分工越来越细化，产业配套流程越来越复杂。特朗普政府挑起的全球贸易争端，打乱了全球价值链运行，破坏了贸易网络布局。英国汽车制造价值链运行的典型流程是"从巴西进口铝垫片，从美国进口燃油泵，从中国进口凸轮轴，并将整车出口到欧洲国家"。英国"脱欧"将提高关税、运输以及市场准入等成本。

（二）数字领域跨国公司全球化进程加快

近年来，以人工智能、机器学习、大数据、物联网等为代表的数字技术正在重塑各个行业，并且推升了新行业和新企业的诞生，全球数字领域全球直接投资呈现快速发展的趋势。根据世界投资报告，排名前100名的数字企业平均每年增加90%的跨境收购，例如，2016年数字数据存储资产的跨境投资达138亿美元，创历史最高水平。软件开发商的跨境收购自2009年以来增长15倍，2017年达1020亿美元。

三、伦敦持续保持外资吸引力对上海的启示

大都市是各种要素资源流动的场所，具有更加灵活的经济制度安排，这可以一定程度上解释二战后英国全球经济霸主地位基本丧失，伦敦却一直保持全球城市地位的原因。除了宏观面经济运行的因素外，在英国"脱欧"纷争背景下，伦敦仍然能够保持全球首要投资城市地位，还与其为保持核心竞争力的战略规划和政策制度安排高度相关，对当前国际经贸新形势下上海吸引外资具有如下三个方面启示：

（一）保持对高技能专业人才持续流入的吸引力

根据日本森大厦株式会社2017年"全球城市实力指数"报告，伦敦连续七年被评为全球最具综合力的城市，即使在英国"脱欧"公投之后，伦敦得分也在增加。根据科尔尼《全球化城市》和普华永道《商业机遇》关于全球城市竞争力的排名，伦敦基本排在前三甲。

虽然伦敦也有其他大城市一样的"成本病"，但是伦敦不断提高在创新、技术和宜居方面的投入，以抵消成本上升的弊端，保持着对高技能专业领域人才的持续吸引力，这是跨国公司选择在伦敦投资的重要因素。

（二）塑造核心产业完整的功能体系

伦敦自提出建设国际金融中心的目标以来，对金融业发展进行系统性部署。首先，建立高效的金融决策机制。伦敦金融城集聚了英格兰银行、金融服务管理局等国家主要的金融监管机构，对全国金融市场进行统一监管，使得伦敦不仅是金融交易中心，也是金融决策中心，能够快速响应全球金融市场的变化。其次，建立顺畅的金融发展机制。伦敦金融业企业之间、子行业之间、金融业与实业之间、金融与技术创新之间的通道畅通，彼此联通，互为支撑，构筑了伦敦国际金融中心发展的坚实基础。第三，建立有效的金融压力测试机制。"脱欧"公投以后，来自其他金融中心虎视眈眈的竞争，也给了伦敦进一步推动改革的压力和动力，包括加大与上海的合作等等。尤其是在当前复杂多变的全球金融市场格局下，具有配置全球资本功能、经济社会相对稳定的伦敦国际金融中心仍然会是国际资本流入的重要地区。

（三）洞察和把握全球数字产业发展新态势

伦敦早在20世纪初开始发展互联网科技产业，支持初创企业发展为独角兽，截至2019年2月，伦敦的独角兽企业共13家，远超欧洲其他城市。面对日渐明朗的全球数字产业发展态势，在2009年国际金融危机和2017年"脱欧"未决之际，英国分别发布《数字英国》和《英国数字战略》两大国家战略，紧抓数字革命浪潮机遇，把数字化作为应对不确定性、重塑国家竞争力的重要举措。伦敦也同样发起《数字伦敦》的宣言，并且从提高数字设施连接、推进全民数字素养和数字技能培训、投入资金和政策支持创新和数字创业、支持企业实现数字转型、增强网络安全能力、深入推进政府数字转型、加强数据保护和数据开放共享等七方面系统推进伦敦数字经济的发展，这些举措使得伦敦在"脱欧"公投后仍能继续成为国际企业业务扩张时的首选。此外，伦敦作为欧洲独角兽企业之都，建立起数字企业发展的生态系统，成为跨国公司选择伦敦作为地区总部的决定因素。

2020 年，迪拜利用外资额为 67.3 亿美元，同比下降 55.1%，规模在八大城市中排名第六位。迪拜利用外资额虽然受新冠疫情影响有所下降，但宣布进入迪拜的外国直接投资项目总数达到 455 个，超过了过去五年平均水平——441 个，显示了迪拜强大的 FDI 区位基础、经济弹性、部门多样性以及对未来吸引外国直接投资的充分准备。迪拜作为全球重要的贸易枢纽，持续为公司和企业家创造稳定、可持续的经济环境和充满活力的商业生态系统，鼓励成立新公司、发掘新机会并开拓全球市场。迪拜拥有巨大的发展潜力，各行各业欣欣向荣，已成为全球最受欢迎的外国直接投资目的地之一。

2020 年，巴黎利用外资额达 53.9 亿美元，同比下降 47%，规模在八大城市中排名第七位。法国利用外资额降至 180 亿美元，同比下降 47%，部分原因是受新冠疫情影响国际并购额降幅较大，但研发、医疗保健和可再生能源等战略部门的投资仍出现了增长。巴黎作为全球化程度极高的城市，其 GDP 已位列欧盟第一，超越大伦敦地区。巴黎因其明显的劳动生产力优势和显著的成本优势，获得越来越多外国直接投资者的青睐。

2020 年，纽约利用外资额为 30.2 亿美元，同比下降 86.4%，规模和增速在八大城市中均居最末位。纽约利用外资额降幅最大，主要是受新冠疫情影响再投资收益下降，以及沃尔玛、达能等大型国际投资者将美国当地资产出售给国内或区域投资者之后，并购交易发生撤资。纽约作为长久以来公认的世界第一大城市，经济高度发达，金融实力领跑全球，影响着全球经济的发展，国际竞争力无可争议，虽受到新冠疫情的负面影响，但纽约对全球FDI 直接投资的吸引力仍保持稳健。

**二、全球主要城市的投资开放度比较**

投资开放度反映城市对外国直接投资的开放水平，以投资依存度、投资自由度等体现。2020 年，八大城市投资依存度排名依次是香港、新加坡、迪拜、上海、伦敦、东京、巴黎、纽约；投资自由度排名依次是伦敦、巴黎、东京、新加坡、香港、纽约、迪拜、上海。

**（一）投资依存度[1]**

2020 年，受新冠疫情的影响，八大城市中纽约、伦敦、东京、新加坡、迪拜等城市因利用外资额降幅大于 GDP 降幅，投资依存度都有不同程度的下降。香港和新加坡投资依存度分别为 34.0% 和 26.9%，位居八大城市中的第一和第二，香港和新加坡作为亚洲的主要商业枢纽，其独特定位成功吸引众多外资企业开展业务，外资在香港和新加坡经济发展中占有举足轻重的地位。香港和新加坡拥有自由贸易港、金融系统稳健、资本自由流动、人才资源丰富、良好法制环境等优势，使其成为吸引国际投资的热土。上海投资依存度为 3.6%，相较上一年不降反升 0.1%，利用外资额同比增幅高于 GDP 同比增幅，上海持续成为中国乃至全球最富吸引力的外商直接投资热土之一。东京 FDI 依存度为 0.9%，高于日本平均水平，主要是因为日本绝大部分的 FDI 集中在东京。近年来，为提高地方经济活力，日本政府促进地方城市吸引更多外资企业，但利用外资规模仍然较小，2020 年，日本外国直接投资额仅占 GDP 的 0.2%，远低于发达国家 1% 左右的平均水平

---

[1]　投资依存度 =FDI 金额 /GDP 规模。

（见图 5-2）。

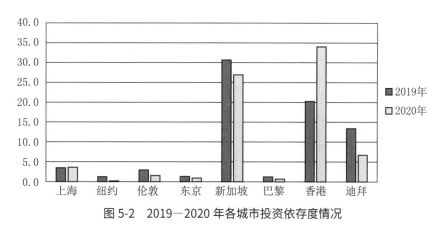

图 5-2　2019—2020 年各城市投资依存度情况

数据来源：联合国贸易和发展会议《世界投资报告》，部分城市利用外资额根据城市 GDP 占所属国 GDP 的比重进行测算。

## （二）投资自由度[1]

2020 年，伦敦的投资自由度为 0.96，居八大城市首位，对外国直接投资的限制最少。巴黎、东京、新加坡、香港的投资自由度分别为 0.955、0.948、0.941、0.937，这些城市对外国直接投资的限制均较少。迪拜和上海的投资自由度分别为 0.860、0.786，排名在八大城市中靠后，相比其他城市投资自由度相对较低，对外国直接投资的限制也相对更多。近年来，巴黎积极拓展自身国际金融中心、世界商务与创新中心的城市功能定位，通过不断提升投资自由度改善营商环境，吸引了众多集团总部、研发中心、科创企业及世界级高竞争力集群巨头落户。2018 年开始，中国对外商直接投资全面实施"负面清单"管理，FDI 限制指数从随之从 0.32 降至 0.214。目前中国对 FDI 的限制仍然处于较高水平——不仅高于美国或经济合作与发展组织平均水平，甚至高于印度、墨西哥和巴西等经济发展水平落后于中国的国家（见图 5-3）。

_____

[1]　投资依存度＝1−FDI 限制指数。

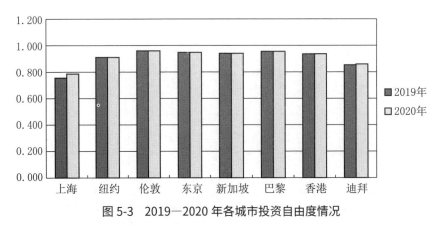

**图 5-3　2019—2020 年各城市投资自由度情况**

数据来源：经济合作与发展组织 FDI 限制指数。

### 三、全球主要城市的投资环境比较

投资环境反映国际化营商环境"软支撑"对国际贸易中心城市外国直接投资吸引力的正向推动作用，以运营环境和纳税环境等指标体现。

### （一）运营环境

运营环境反映城市的经商便利度，以世界银行《营商环境报告》中开办企业得分、获得信贷得分、合同执行得分、跨境贸易便利化得分等体现。

### 1. 开办企业

2020 年，八大城市中香港和新加坡以开办企业 98.2 分的得分并列第一，随后依次是迪拜（94.8 分）、伦敦（94.6 分）、上海（93.3 分）、巴黎（93.1 分）和纽约（91.6 分）和东京（86 分）。在全球疫情蔓延的特殊背景下，上海先后出台多项外商直接投资惠企政策，打造世界一流的营商环境，吸引外商来沪投资与发展。上海开办企业所需手续、所需时间和所需成本这三项细分指标不断改善，开办企业的排名也不断提升。东京开办企业排名末位，主要是日本的投资环境方面仍存在外国直接投资的行政手续繁杂、运营成本高昂、吸引外资优惠措施不够等问题（见图 5-4）。

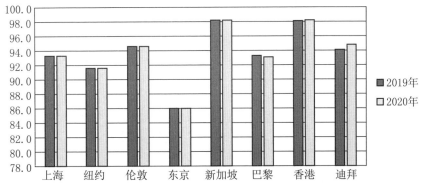

**图 5-4　2019—2020 年各城市开办企业得分情况**

数据来源：世界银行《营商环境报告》。

### 2. 获得信贷

2020 年，八大城市中纽约以获得信贷 95 分的得分居首位，纽约在法律框架对借贷双方的保护程度、提供贷款的便利度、征信服务提供商的覆盖范围和开放程度等方面均具有良好表现。伦敦、新加坡和香港获得信贷得分均为 75 分，并列第二，之后是迪拜（70 分）、上海（60 分）、东京（55 分）和巴黎（50 分）。在获得信贷的具体指标中，反映信贷合法权利力度的 12 个问题中，上海有 8 项未得分，纽约、新加坡、香港等城市信贷合法权利力度得分均在 8 分及以上，反映出上海对借贷主体的保护力度仍需加强（见图 5-5）。

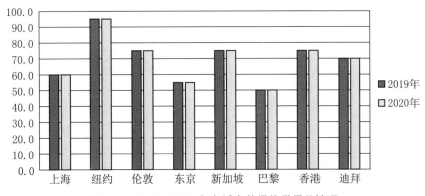

**图 5-5　2019—2020 年各城市获得信贷得分情况**

数据来源：世界银行《营商环境报告》。

### 3. 合同执行

2020 年，八大城市中新加坡以合同执行 84.5 分的得分位居首位，随后是上海（81.6 分）、纽约（79.1 分）、迪拜（75.9 分）、巴黎（73.5 分）、香港（69.1 分）、伦敦（68.7 分）和东京（65.3 分）。其中，上海合同执行指标全球排名上升一位，主要是在司法程序解决商业纠纷方面的时间消耗与经济成本不断下降。与新加坡相比，上海的差距主要在于法院执行合同耗时更长，执行时间几乎为新加坡的三倍（见图 5-6）。

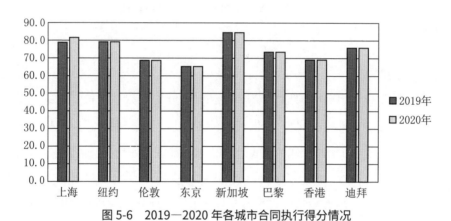

图 5-6  2019—2020 年各城市合同执行得分情况

数据来源：世界银行《营商环境报告》。

### 4. 跨境贸易便利化

2020 年，八大城市中巴黎以跨境贸易便利化 100 分的得分居首位，随后依次是香港（95 分）、伦敦（93.8 分）、纽约（92 分）、新加坡（89.6 分）、上海（87.2 分）、东京（86.3 分）和迪拜（73.1 分）。其中，上海与巴黎、香港、伦敦、纽约等城市的主要差距在于：一是上海进出口跨境贸易耗时较长，在八大国际贸易中心城市中耗时最长，导致一些时效性较强的产品不能及时运输；二是进出口所耗费用较高，上海出口所耗费用是香港的 6 倍（见图 5-7）。

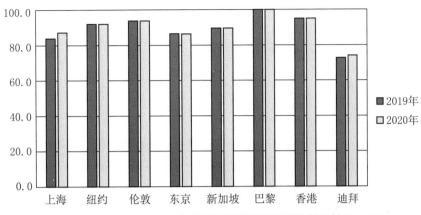

图 5-7　2019—2020 年各城市跨境贸易便利化得分情况

数据来源：世界银行《营商环境报告》。

## （二）纳税环境

纳税环境反映国际贸易中心城市企业和个人的税后所得情况，以企业所得率[1]和个人所得率[2]体现。

### 1. 企业所得率

2020 年，八大城市企业所得率前两名是香港（83.5%）和新加坡（83.0%），往后依次是伦敦（81.0%）、上海（75.0%）、纽约（73.0%）、巴黎（72.0%）、东京（69.4%）、迪拜（45.0%）。香港和新加坡都有"避税天堂"的称号，低税率是吸引外国直接投资有利的措施。香港企业所得税实行两级累进税率，200 万港元以下利润额适用 8.25% 低税率，200 万港元以上利润额适用 16.5% 税率。新加坡金融环境优良，税率低，为企业提供优惠的税收制度，企业所得税统一税率为企业纯利润的 17%。上海的企业所得税率为 25%，属于中等水平，但与新加坡、伦敦等城市相比还有一定差距（见图 5-8）。

---

[1]　企业所得率 =1- 企业所得税率。

[2]　个人所得率 =1- 个人所得税率。

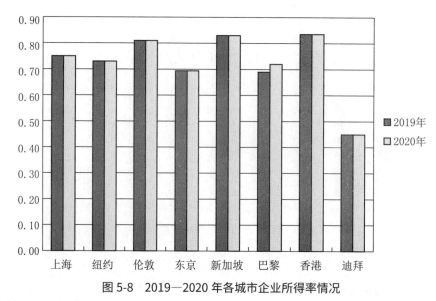

图 5-8　2019—2020 年各城市企业所得率情况

数据来源：毕马威官网。

### 2. 个人所得率

2020 年，八大城市中个人所得率最高的是迪拜，达 100.0%，随后依次为香港（85.0%）、新加坡（78.0%）、纽约（63.0%）、巴黎（55.0%）、上海（55.0%）、伦敦（55.0%）、东京（44.1%）。其中，上海排名倒数第 2，与迪拜、香港、新加坡等城市相比，个人所得率更低，对国际化人才的吸引力更弱。迪拜实行低税负制度，税种较少，目前迪拜只存在五类税：社会保障税、海关关税、销售税、市政税以及企业所得税，不缴纳个人所得税。上海个人所得税率较高，外商投资企业如将亚太区总部从新加坡或香港迁来上海，不仅将多缴企业所得税，外籍高管需要多缴的个人所得税也由企业承担，这使外商投资企业营运成本增加，影响上海集聚外资企业以及地区总部的国际竞争力（见图 5-9）。

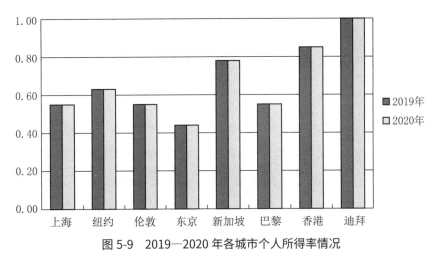

图 5-9 2019—2020 年各城市个人所得率情况

数据来源：毕马威官网。

## 第二节 外资企业本地化案例——以特斯拉为例

中国的"超大规模性"以及改革开放 40 多年来积累的供应链优势，吸引着以中国市场为导向的跨国公司采取"在中国、为中国"战略，最为典型的是汽车产业本地供应链逐步迭代进口输入型供应链，并进一步驱动供应链本地化投资加速。中美贸易摩擦以及自然灾害等因素，使得跨国公司更加关注供应链的近岸性和安全性，虽然时下的新型冠状病毒疫情对中国生产制造和供应链运行带来挑战，但是长期反而更加突出供应链风险预防的重要性，区域一体化、本地一体化是规避供应链风险的重要方式，因此要积极做好供应链本地化的投资落地、创新驱动和区域一体化准备。

### 一、中美贸易摩擦对供应链本地化的推动机制
### （一）"超大规模性"优势推动进口输入型供应链扩张

中国具有的超大规模人口、超大规模国土空间、超大规模经济体量，形

成超大规模统一市场[1]，能够使得有效的市场供给实现规模和范围经济。进口博览会的常态化举办，将带来 5 年内 10 万亿美元的进口商品和服务、15 年内分别为 30 万亿和 10 万亿美元的进口商品和服务，中国扩大进口的信号加速推动了进口输入型供应链[2]的扩张。一是最终消费品进口输入供应链。进口消费品将利用中国拥有的 14 亿左右的人口规模，尤其是在已经形成规模和强度聚集的中心城市、城市群获得规模经济和范围经济的优势。二是中间品进口输入供应链。进口中间品将供应于中国已经形成的较为完备的产业体系，嵌入于多层次、多元化的分工环节，在"中国制造"中不仅获得国内市场的规模和范围经济优势，而且通过在中国加工制造再出口到全球市场。

**（二）贸易壁垒导致进口输入型供应链扩张遇到阻力**

自 2018 年美国加征关税以来，美国主要通过高关税限制中国出口、对中国技术出口限制、以国家安全审查限制中资对美投资三种方式限制中美贸易，中国随即进行反制措施，体现为中国反制措施对进口输入型供应链扩张的阻碍。中国对美出口到中国的最终消费品和中间品加征关税，提高自美进口的成本，并通过价格传导机制使得进口品供给价格提升，使得进口输入型供给规模下降。此外，美国贸易投资管制对进口输入型供应链扩张本身存在阻碍。全球价值链分工成就了中国全球制造基地和第一出口大国地位，但是高科技含量中间品的本地化供给和知识产权保护的不足，使得进口成为满足中国中间品和最终品需求的重要方式，在中国和美国之间形成中国从美国进口中间品、再将制成品出口到美国的贸易流。美国对中国出口产品征税，则直接限制了中国出口的制成品对来自美国的中间品需求，美国对华的出口技

---

[1] 国务院发展研究中心课题组：《充分发挥"超大规模性"优势　推动我国经济实现从"超大"到"超强"的转变》，《管理世界》2020 年第 1 期。

[2] 本概念来自黎峰、曹晓蕾、陈思萌：《中美贸易摩擦对中国制造供应链的影响及应对》，《经济学家》2019 年第 9 期。

术管制，又进一步减少了美国技术类中间品对华出口，最终使得中间品进口输入型供应链收缩。

### （三）投资越过贸易壁垒推动供应链本地化

一是投资引致型供应链替代进口输入型供应链。高市场准入限制和低贸易成本下，进口输入型供应链是超大市场的更优选择，当市场准入限制降低、贸易成本提升，进口输入型供应链会被投资引致型供应链取代。根据经济合作与发展组织的最新外资限制指数，中国外商投资准入的开放度逐年提高，从 2018 年的 0.262 降低为 2020 年的 0.214，甚至在电力生产和供应等领域开放度高于美国。基于双向贸易壁垒增强预期，在中国"超大规模性"优势、产业开放的双重推动下，原先以出口方式供应中国市场的跨国公司投资直接供给于本地市场，以中国市场为导向的进口中间品和最终品趋向于本地化提供。二是服务于进口输入型供应链的供应商转向本地市场。对美出口贸易成本的加大，使得服务于进口输入型供应链的本国中间供应商调整市场的区域布局，加大本国市场和美国之外的海外市场布局。由于这些供应商已经具备全球供应链标准，可以快速融入外资植入型供应链体系，加速实现供应链本地化。除了中美贸易摩擦，此外英国"脱欧"等区域化、本地化贸易投资管制措施会导致全球贸易投资协调能力弱化，日本大海啸等灾害性天气、传染病疫情等不可抗力都给供应链全球化前景带来"迷雾"，这些风险使得跨国公司重新部署供应链以规避风险，这也是供应链本地化的外在因素。

## 二、特斯拉国产 Model 3 供应链本地化形成路径和特征

中美贸易摩擦以来，以美国市场为主的跨国公司调整投资布局，带来制造业的供应链区域布局的调整，以中国市场为导向的行业供应链趋于本地化，突出表现在汽车行业[1]。本部分将以特斯拉国产 Model 3 供应链为例，

---

[1] Vijay Vaitheeswaran，"Special Report：Global Supply Chains：The World is Not Flat"，*The Economist*，July 13th，2019，pp. 3—12.

进一步解释供应链本地化的路径和特征。

**（一）特斯拉国产 Model 3 供应链本地化形成路径**

**1. 以供应链本地化实现低成本占领市场**

特斯拉 Model 3 在美国市场已经是现象级的产品，并寄希望于中国这个全球最大的汽车市场来提高其电动汽车销售，但是 40% 的进口关税使得其难以比本地电动汽车更具竞争力。2018 年特斯拉成为中国首家独资新能源汽车制造商，2019 年下线的首批国产 Model 3 零部件国产率为 30%。从全球范围看，零部件本地化是整车企业压缩成本的现实需求，根据公开数据，2021 年特斯拉上海超级工厂年交付量达到 48.41 万辆[1]，2022 年上半年交付量近 30 万辆，超过上年全年交付量的六成[2]。如果 70% 的零部件通过进口实现，则不能通过低成本战略快速占领市场，尤其是国产 Model 3 投产后，中美加征关税进一步抬高进口零部件成本。因此，特斯拉加大了 Model 3 供应链的本地化。2020 年，特斯拉 Model 3 零部件国产率达到了 70%，并计划在年底 100% 实现国产化率，但受疫情等多重因素影响，目前特斯拉零部件本土化率为 90% 以上。根据兴业证券研究报告，100% 的国产化率能够推动成本降低 30%，国产 Model 3 的售价可获得 27%—34% 的降价空间，获得更加有利的市场竞争能力。特斯拉官网显示，Model 3 标准续航版价格为 27.99 万元，而在特斯拉上海超级工厂开工前，Model 3 标准续航版价格最高为 36.39 万元。特斯拉也在 2019 年 Q3 财报中提到，相比于美国工厂，上海超级工厂 Model 3 生产线的生产成本（单位产能的资本支出）低了 65%。目前 Model 3 100% 国产化率未完全实现，表明特斯拉在价格方面依然有压缩空间。

---

[1] 《特斯拉公布 2021 产销数据　上海超级工厂渐成"中流砥柱"》，载中国新闻网 https://www.chinanews.com.cn/auto/2022/01-12/9650247.shtml，2022 年 1 月 12 日。

[2] 《特斯拉中国今年上半年交付量达去年全年六成》，载光明网 https://m.gmw.cn/baijia/2022-07/12/1303041394.html，2022 年 7 月 12 日。

## 2. 本地供应商通过特斯拉全球供应链体系为国产 Model 3 提供配套

中国汽车零部件企业比整车企业在全球汽车供应链中更加具有优势，易损件（玻璃、刹车片）、轮毂、铸铝件、排气管和内饰方面在全球占有相当高的份额，是全球汽车零部件生产的心脏[1]。根据海通证券报告，在特斯拉全球供应链体系中，一级供应商共计 89 个，二级供应商共计 1195 个。从地区来看，特斯拉的供应商一直以美国公司为主，但是 2016 年之后的数量和占比均由增转降，中国供应商数量不断增多。截至 2019 年 9 月，特斯拉中国供应商的占比达到 22.47%，仅次于美国的 31.46%。从公司类型来看，特斯拉供应商中，上市公司一直保持较高的比例。截至 2019 年 9 月，上市公司占比接近 90%。特斯拉上海工厂成立以后，国内 A 股供应商通过特斯拉全球采购体系嵌入国产 Model 3 供应链体系，典型如旭升股份、拓普集团、三花智控等（见表 5-1）。除了 A 股上市供应商进入国产 Model 3 供应链体系，安波福、安道拓等跨国公司也重新部署在华投资战略，逐步加大国产 Model 3 零部件生产能力，缩减对美出口产能。除了这些已经确定调整的供应链外，特斯拉的全球核心供应商，包括松下、恩智浦、镜泰、富士通、尼尔森皆在上海以及国内有制造基地，可以随时调整产能为国产 Model 3 提供配套。

表 5-1 同为特斯拉全球和国产 Model 3 供应商 A 股上市企业基本情况

| 产　品 | 部　件 | 组　件 | 公　司 | 地　区 | 供应关系 |
|---|---|---|---|---|---|
| 动力总成系统 | 锂电池组电池 | 负极材料 | 赣锋锂业 | 江西（新余） | 原料供应商 |
| | | 电解液 | 新宙邦 | 广东（深圳） | 原料供应商 |
| | 电池管理系统 | 传感器 | 均胜电子 | 浙江（宁波） | 供应商 |
| | 电池热管理系统 | 散热器 | 东山精密 | 江苏（苏州） | 供应商 |

---

[1] Vijay Vaitheeswaran, "Special Report: Global Supply Chains: The World is Not Flat", *The Economist*, July 13th, 2019, pp. 3—12.

（续表）

| 产　品 | 部　件 | 组　件 | 公　司 | 地　区 | 供应关系 |
|---|---|---|---|---|---|
| 中控系统 | 地图 | 仪表盘贴合 | 四维图新 | 北京 | 供应商 |
| 充电系统 | 超级充电桩 | 充电桩设备 | 横店东磁 | 浙江（金华） | 原料供应商 |
| 底盘 | 制动系统 | 基础制动 | 京山轻机 | 湖北（荆门） | 原料供应商 |
| | 悬挂系统 | 避震结构件 | 拓普集团 | 浙江（宁波） | 供应商 |
| 车身 | 车门 | 液态金属汽车门锁扣 | 宜安科技 | 广东（东莞） | 供应商 |
| | 车身模具 | 车身模具 | 天汽模 | 天津 | 供应商 |

资料来源：根据海通、兴业等证券机构公开资料整理。

### 3. 围绕国产 Model 3 供应链的本地化投资加速

随着国产 Model 3 的加速量产，特斯拉将加大在研发中心领域投资，进一步加快适应本地化需求。特斯拉在长三角地区建立起"4 小时朋友圈"，助力全国数百家供应企业发展。特斯拉全球体系中跨国公司供应商也开始加快在上海临港布局（见表 5-2），包括圣戈班在临港的投资公司，供应汽车玻璃。德国 SAS 集团在临港投资生产，提供模块以及全流程供应链管理服务。内资企业中，格雷博投资生产电机与电控，均胜投资生产安全气囊、安全带、方向盘以及方向盘控制器、车窗控制器等产品，宁德时代投资生产动力电池，杉杉股份投资生产锂电池、新材料，友升铝业投资生产新型铝合金材料，长盈投资生产新能源关键零组件，电巴投资生产充换电装置，延锋投资生产车身内外饰产品，山东精密投资生产汽车芯片，璞泰来投资生产电池材料等。此外，LG 化学投资 1.2 万亿韩元（约合 10.25 亿美元）扩大其南京新港的圆柱电池工厂。

表 5-2　围绕国产 Model 3 供应链的本地化投资计划

| 企　业 | 性　质 | 领　域 | 地　区 | 投资时间 |
|---|---|---|---|---|
| 特斯拉 | 外资 | 研发 | 上海（临港） | 2018 年 5 月 |
| 延锋 | 内资 | 车身内外饰 | 上海（临港） | 2015 年 1 月 |
| 均胜 | 内资 | 全气囊、安全带、方向盘以及方向盘控制器、车窗控制器等产品 | 上海（临港） | 2019 年 5 月 |
| 格雷博 | 内资 | 电机与电控 | 上海（临港） | 2019 年 9 月 |
| 圣戈班 | 外资 | 玻璃 | 上海（临港） | 2019 年 9 月 |
| SAS 集团 | 外资 | 模块以及提供全流程的供应链管理服务 | 上海（临港） | 2019 年 11 月 |
| 友升铝业 | 内资 | 新型铝合金材料 | 上海（临港） | 2020 年 3 月 |
| 长盈 | 内资 | 新能源关键零组件 | 上海（临港） | 2020 年 3 月 |
| 新泉 | 内资 | 汽车饰件总成产品 | 上海（临港） | 2020 年 6 月 |
| 杉杉股份 | 内资 | 锂电池、新材料 | 上海（临港） | 2020 年 6 月 |
| 璞泰来 | 内资 | 电池材料 | 上海（临港） | 2021 年 1 月 |
| 山东精密 | 内资 | 汽车芯片 | 上海（临港） | 2021 年 5 月 |
| 电巴 | 内资 | 充换电装置 | 上海（临港） | 2021 年 8 月 |
| 宁德时代 | 内资 | 动力电池 | 上海（临港） | 2021 年 8 月 |
| LG 化学 | 外资 | 圆柱电池 | 江苏（南京） | 2019 年 1 月 |

资料来源：根据公开新闻报道。

### 4. 国产 Model 3 推动智能新能源汽车供应链集聚

随着特斯拉国产化进程不断深化，对产业链集聚的带动效应也不容忽视，上海超级工厂的落地带来一大批电池、电机和汽车零部件等上下游企业在周边布局。以宁德时代为例，在与特斯拉签约后，宁德时代的电池开始批量供货国产 Model 3，截至 2021 年底，累计供货金额为 146.65 亿元[1]。

---

[1]《宁德时代营收首次破千亿！第一大客户特斯拉采购额超 130 亿》，载网易网 https://www.163.com/dy/article/H5IOG8850519D4UH.html，2022 年 4 月 22 日。

作为宁德时代的第一大客户，宁德时代开始围绕特斯拉进行工厂布局，位于德国图林根州的首个海外工厂与特斯拉柏林超级工厂相距不过300多公里；宁德时代临港工厂距离特斯拉上海超级工厂仅3公里。完善健全的供应链为智能新能源汽车的产业发展奠定坚实基础，更吸引智能新能源汽车品牌的抱团集聚，上汽集团、上汽大通、延锋汽车、广微万象、智己汽车等整车企业纷纷落户临港，形成产业奋进的良性循环。在特斯拉中国的拉动下，临港新片区已构建形成涵盖汽车整车、发动机、电池、车身、内外饰、底盘、汽车电子、芯片等新能源汽车全产业生态。2021年临港新片区智能新能源汽车产值规模突破1400亿元，同比增长超过90%，新能源汽车产量突破50万辆，约占上海市的4/5、全国的1/6，成为临港首个迈过千亿级规模的前沿产业[1]。预计到2025年，临港智能新能源汽车产业将超过3000亿元，实现累计生产500万辆新能源汽车的目标，成为创新集聚、功能齐全、业态完备的智能新能源汽车产业集聚地。

**5. 数字服务提供商本地化要求强化了供应链本地化导向**

特斯拉作为智能汽车，与传统企业最大区别在于驾驶系统，除了硬件驾驶组合外，还需要辅助软件组合，主要分为感知模块、地图模块、驾驶行为决策模块。这些应用模块基本属于数字领域。中国在数字领域并未对外资开放，尤其是较为核心的地图服务。地图服务涉及国土安全，包括日欧EPA也将地图定位服务列入负面清单，设置国民待遇、业绩要求等限制。为服务本地市场，进口Model 3的地图模块也采用了国产供应商四维图新，因此基于数字服务准入限制考虑，国产Model 3地图数据服务商只能选择国内企业，除了四维图新外，百度地图、中国移动、中国联通也纳入Model 3的本地化供应商名单。

---

[1]《五年看上海 | 一片敢闯敢试的试验田，何以持续释放引力拔节生长？》，2022年6月10日，载澎湃新闻 https://m.thepaper.cn/newsDetail_forward_18497157。

## （二）国产 Model 3 本地供应链的结构特征

### 1. 国产 Model 3 的全球供应商区域分布

根据公开资料整理，国产 Model 3 的 A 股上市供应商共有 155 家，中国供应商有 116 家，占 74.84%；美国供应商有 17 家，占 10.97%；日本和欧盟供应商分别有 9 家和 8 家，占 5.81% 和 5.16%。国产 Model 3 供应体系中，国产化率已经接近 75%，如果再加上在国内投资的外资供应商，该比例基本达到 80%（见图 5-10）。

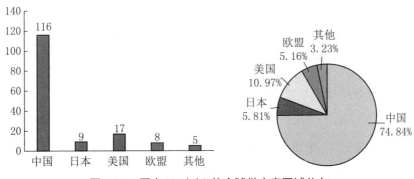

**图 5-10　国产 Model 3 的全球供应商区域分布**

资料来源：根据公开新闻报道。

国产 Model 3 的中国供应商中，大陆供应商有 108 家，占 93.10%；中国台湾供应商有 8 家，占 6.90%。中国大陆供应商主要集中在长三角和珠三角区域。其中，长三角区域供应商有 59 家，占中国总供应商的 50.86%，珠三角区域供应商有 29 家，占 25%（见图 5-11）。例如，为国产特斯拉提供座椅总成及外饰的华域汽车，提供传感器、人车交互的均胜电子，提供内饰及底盘结构件的拓普集团，提供热管理系统零部件的三花智控，提供铸铝轻量化零部件的旭升股份等，提供铝合金车身的文灿股份、常铝股份，以及提供汽车电子中控屏模组的长信科技等。

结合国产 Model 3 新设企业区域分布情况，长三角地区的供应商比例将超过半数，而且基本围绕特斯拉临港工厂进行布局。由于数据主要来自 A

股上市企业，上海和江苏的外资供应商数量会被漏统，如果加上外资供应商，这两地供应商比重分别可能提高为 10%、20%。

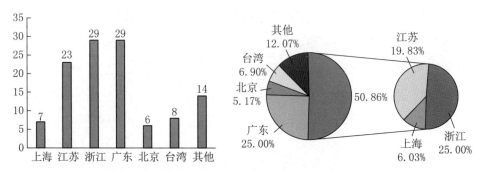

**图 5-11　国产 Model 3 的本地供应商数量区域分布**

资料来源：根据公开新闻报道。

### 2. 特斯拉供应商的行业分布

国产 Model 3 供应商涉及的行业中，动力总成系统、中控系统和充电系统占比合计约为 70%。如图 5-12 所示，动力总成系统供应商 42 家，占中国总供应商数量的 36.21%；中控系统供应商 23 家，占 19.83%；充电系统供应商 16 家，占 13.79%；三者合计占 70%，与同类型供应商数量占全球总供应商的比重基本一致。此外，还有电驱动系统、内饰、底盘、车身等有关的供应商数量占比均在 10% 以下。

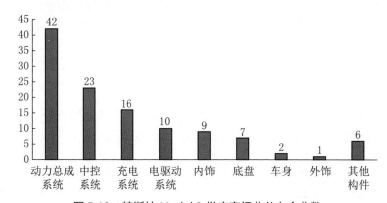

**图 5-12　特斯拉 Model 3 供应商行业分布企业数**

资料来源：根据公开新闻报道。

如图 5-13 所示，长三角区域供应商共有 59 家，其中动力总成系统供应商 18 家，占区域总供应商数量的 30.51%；中控系统供应商 11 家，占18.64%；内饰供应商 9 家，占 15.25%；充电系统企业 7 家，占 11.86%；这 4 个行业合计占 76.27%。其中，中国地区共有 9 家内饰供应商，且全部位于长三角地区，即便在 Model 3 全球内饰供应商中占比也达 81.82%。从特斯拉全球供应商行业分类来看，特斯拉一级供应商多分布在工业和科技行业，增长最快的业务是汽车内部产品、底盘车身制造和动力总成制造。特斯拉 Model 3 国内供应商行业结构基本与其全球结构趋同，特斯拉掌握的核心领域是研发、销售、租赁等服务领域，而对传统汽车相关的制造领域进行外包。

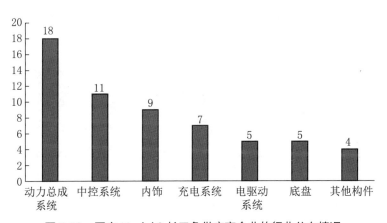

**图 5-13　国产 Model 3 长三角供应商企业的行业分布情况**

资料来源：根据公开新闻报道。

国产 Model 3 的区域分布也体现了中国产业的区域性特征。一是长三角地区在电动车领域已经建立比较完整的供应链网络。区域内汽车企业 755家，占全国的约 1/3，并拥有国内较大的汽车市场份额。三省一市不仅拥有传统汽车的零部件制造网络，而且在新能源汽车领域也有布局，供应链网络覆盖面广。因此长三角供应链的行业结构和全国供应链结构基本吻合，而且在汽车内饰方面占据绝对优势，这与长三角同时具有纺织服装原料、制造业、打样等基础优势相关。二是北京在数字领域具有先发优势。虽然国产Model 3的数字领域供应商只有4家，但是这四家都来自北京，包括四维图新、百度、移动和联通。三是珠三角企业优势体现在充电系统和电子制造领域。超级充电桩13家供应商中，珠三角企业有5家，居于全国之首，这与比亚迪等国产电动车发展基础有关系。四是四川等地的原材料储备带来的供应优势。电动车电池中锂电子的原料是石墨，而四川是中国石墨产地之一，赣锋锂业不仅是国产Model 3的供应商，也是特斯拉全球供应商，说明特斯拉供应链同时具备资源导向特征。

### 三、中国应对制造供应链本地化思路及路径选择

中美贸易摩擦并没有对中国制造业供应链产生致命性破坏，没有如美国所愿通过边缘化中国而实现制造业供应链"回归"，反而一定程度上推动跨国公司重新认识中国市场的重要性。虽然时下的新冠疫情对中国生产制造和供应链运行带来挑战，但是其影响只是暂时的，从长期来看，反而更加突出供应链风险预防的重要性，区域一体化、本地一体化是规避供应链风险的重要方式。除了汽车以外，根据调研，机电设备、化工、医疗、食品行业跨国公司供应链也呈现本地化趋势，建议抓住供应链本地化带来的产业发展机遇，并且做好相应的准备。

首先，实现生产要素成本控制和效率提升的平衡。围绕供应链的新设生产领域投资需要一定土地空间的支撑，因此要做好本地化导向的产业转移的准备，着力向存量要空间，拓宽存量土地盘活路径，引导土地资源合理流动和高效配置，稳定工业用地出让价格，保障重点项目50年用地年限。电动汽车智能化、数字化特征显著，应高度重视智能制造等战略性新兴产业专业技能技工人才的培养，推动社会力量积极参与职业培训，鼓励职业培训机构与重点制造业企业的双向合作，使得职业培训更具有针对性、专业性和有效性，特别是围绕工艺设计、机械加工、电器设备、光机电一体化等技工需求

高的领域，鼓励职业学校加大培养力度，以增加制造业领域技工人才供给。

其次，推动长三角地区成为世界级产业集群。长三角一直是代表中国高质量制造能力的首要地区。因此，要进一步发挥长三角一体化机遇，围绕供应链一体化进行区域一体化的顶层设计，包括设计具有高度的活力和创新驱动力的研发体系，具有高度的开放性、包容性、便利性的营商环境，突出包括海港、空港、铁路和陆路"四维一体"的交通体系。

第三，形成开放式创新生态系统。跨国公司供应链本地化与转移一样，并非一蹴而就，还存在一些特定领域的瓶颈和问题，比如美国对技术出口和产业转移管制，以及国内产业配套难以支持供应链转移要求。因此中国要着眼于国内生产配套能力提升，推动产业创新。但是在创新体系的形成中，除了要支持本土企业创新能力提升外，仍要鼓励跨国公司融入创新体系，形成开放式创新体系。

最后，加快推动中日韩等区域自贸区谈判。供应链本地化，并非特指供应链的国内化，区域研发、制造、市场协调能力，也有助于供应链效率提升。中美贸易摩擦爆发后，全球供应链网络基本分化，形成由美国主导的北美供应链、德国主导的欧洲供应链、中日主导的亚洲供应链组成。未来全球价值链将趋于收缩，尤其是北美与亚洲价值链的联系将减弱，而东亚价值链内部合作将进一步深化。因此，要顺应这样的趋势，通过加快推动中日韩等区域自贸区谈判，推动区域贸易投资监管协调能力，提升区域供应链运行效率。

# 参考文献

1. *Activities of U.S. Affiliates of Foreign Multinational Enterprises*, 2016, https: //www.bea.gov/data/intl-trade-investment.

2. *2018 Annual Survey of Foreign Direct Investment in the United States Mandatory—Confidential Form Be-15A、BE-15B、BE-15C*, https: //www.bea.gov/data/intl-trade-investment.

3. J. F. Coyle, "The Treaty of Friendship, Commerce, and Navigation in the Modern Era", *Social Science Electronic Publishing*, Vol.51, No. 2, 2012, pp. 302—359.

4. OECD, *Using Trade to Fight Covid-19*: *Manufacturing and Distributing Vaccines*, 2021.

5. A. Subramanian and M. Kessler, "The Hyperglobalization of Trade and Its Future", *Towards a Better Global Economy*: *Policy Implications for Citizens Worldwide in the 21st Century*, 2013.

6. UNCTAD, *Trade and Development Report 2018*: *Power, Platforms and The Free Trade Delusion*, 2018.

7. UNCTAD, *Trade and Development Report 2020*: *From Global Pandemic to Prosperity for All*: *Avoiding Another Lost Decade*, 2020.

8. UNCTAD, *World Investment Report 2015*: *Reforming International Investment Governance*, 2015.

9. UNCTAD, *World Investment Report 2020*: *International Production Beyond the Pandemic*, 2020.

10. UNCTAD, *World Investment Report 2021*: *Investing in Sustainable Recovery*, 2021.

11. H. Walker Jr., "Modern Treaties of Friendship, Commerce and Navigation", *Minnesota Law Review*, Vol.42, No.5, 1958, pp. 805—824.

12. WTO, *World Trade Report 2018*: *The Future of World Trade*: *How Digital Technologies are Transforming Global Commerce*, 2018.

13. 蔡跃洲:《数字经济的增加值及贡献度测算:历史沿革、理论基础与方法框架》,《求是学刊》2018 年第 5 期。

14. 崔凡、吴嵩博:《〈中华人民共和国外商投资法〉与外商投资管理新体制的建设》,《国际贸易问题》2019 年第 4 期。

15. 崔新健、欧阳慧敏:《中国利用外国投资者产业政策文献研究——基于量化质化—演化—三维框架》,《中央财经大学学报》2021 年第 1 期。

16. 贾怀勤:《从属权贸易核算角度评析 FATS 及中国数据现状》,《统计研究》2011 年第 1 期。

17. 靳也:《国际投资争端解决中透明度机制的新发展——强制性与任意性的规则模式选择》,《国际法学刊》2021 年第 2 期。

18. 李毓庆:《〈外国投资案(草案)〉信息报告制度与商事登记制度协调机制研究》,华东政法大学,2016 年。

19. 刘黎明、李静、刘伟:《基于"BOP 统计 +FATS 统计"二元架构的我国服务贸易统计体系研究》,《经济师》2012 年第 7 期。

20. 商务部和国家统计局:《外商投资统计制度》,http: //wzs. mofcom.gov.cn/article。

21. 陶立峰:《投资争端预防机制的国际经验及启示——兼评〈外商投资法〉投诉机制的完善》,《武大国际法评论》2019 年第 6 期。

22. 陶立峰:《国际投资协定新动向及对中国的启示——以〈巴西—印度投资合作和便利化协定〉为样本》,《国际经济评论》2021 年第 6 期。

23．伍穗龙、陈子雷：《从 NAFTA 到 USMCA：投资争端解决机制的变化、成因及启示》，《国际展望》2021 年第 3 期。

24．许超：《全球治理中国家如何在场——兼与刘建军教授商榷》，《探索与争鸣》2021 年第 8 期。

25．许晓娟、刘立新：《引入存量调查改进外商直接投资统计的思路》，《统计研究》2018 年第 1 期。

26．［美］约翰·邓宁、萨琳安娜·伦丹：《跨国公司与全球经济》（第 2 版），中国人民大学出版社 2016 年版。

27．詹晓宁：《全球投资治理新路径——解读〈G20 全球投资政策指导原则〉》，《世界经济与政治》2016 年第 10 期。

28．詹晓宁、欧阳永福：《〈G20 全球投资政策指导原则〉与全球投资治理——从"中国方案"到"中国范式"》，《世界经济研究》2017 年第 4 期。

29．詹晓宁、欧阳永福：《数字经济下全球投资的新趋势与中国利用外国投资者的新战略》，《管理世界》2018 年第 3 期。

30．赵蓓文：《"互动"与"磨合"：全球经济治理中的西方模式与中国模式》，《国际经贸探索》2021 年第 12 期。

31．张娟：《改革开放四十年上海引进外国投资者回顾与展望》，《科学发展》2018 年第 6 期。

32．张幼文：《世界经济学的基础理论与学科体系》，《世界经济研究》2020 年第 7 期。

33．周密：《贸易投资：补齐 G20 全球经济治理的第三支柱》，《国际贸易》2016 年第 9 期。

# 后　记

　　"上海智库报告"是对新型智库优秀研究成果进行表彰的重要形式，我们特别感谢上海市哲学社会科学规划办公室以及评审专家们对本书内容的肯定。得以入选 2022 年度"上海智库报告"，这既是对我们在外资领域研究成果的肯定，也是对我们未来持续深入开展外资研究的鼓励。

　　我们还要感谢上海市商务委员会、浦东新区商务委员会、临港新片区管委会等部门，为我们提供了接触实践、探索事实和演绎理论的机会，感谢上海市商务发展研究中心为我们搭建了与众不同的研究平台，为本书的出版夯实了基础，在此还要特别感谢上海市商务发展研究中心的闵娟，为本书的编辑提供了支持。

　　最后，我们致谢上海人民出版社各位编审老师，感谢他们的协助和辛苦的工作。

作　者

2022 年 9 月

**图书在版编目(CIP)数据**

在上海 为中国 惠全球:建设高质量外资集聚地/
张娟,廖璇,解丽文著. —上海:上海人民出版社,
2022
(上海智库报告)
ISBN 978 - 7 - 208 - 17921 - 9

Ⅰ.①在… Ⅱ.①张… ②廖… ③解… Ⅲ.①外资利
用-研究-上海 Ⅳ.①F832.751

中国版本图书馆 CIP 数据核字(2022)第 165315 号


**责任编辑** 郭敬文
**封面设计** 今亮后声

上海智库报告

**在上海 为中国 惠全球**
——建设高质量外资集聚地
张 娟 廖 璇 解丽文 著

出 版 上海人民出版社
        (201101 上海市闵行区号景路 159 弄 C 座)
发 行 上海人民出版社发行中心
印 刷 常熟市新骅印刷有限公司
开 本 720×1000 1/16
印 张 12.5
插 页 4
字 数 167,000
版 次 2022 年 10 月第 1 版
印 次 2022 年 10 月第 1 次印刷
ISBN 978 - 7 - 208 - 17921 - 9/D·4005
定 价 58.00 元